专项资金绩效评价研究

ZHUANXIANG ZIJIN JIXIAO PINGJIA YANJIU

张国魁◎著

中国财经出版传媒集团

经济科学出版社
Economic Science Press

图书在版编目（CIP）数据

专项资金绩效评价研究 / 张国魁著 . -- 北京：经
济科学出版社，2022.10
ISBN 978 - 7 - 5218 - 4111 - 4

Ⅰ. ①专⋯　Ⅱ. ①张⋯　Ⅲ. ①财政资金 - 专项资金 -
经济评价 - 研究 - 中国　Ⅳ. ①F812

中国版本图书馆 CIP 数据核字（2022）第 186234 号

责任编辑：杜　鹏　刘　悦
责任校对：李　建
责任印制：邱　天

专项资金绩效评价研究
张国魁　著
经济科学出版社出版、发行　新华书店经销
社址：北京市海淀区阜成路甲 28 号　邮编：100142
编辑部电话：010 - 88191441　发行部电话：010 - 88191522
网址：www. esp. com. cn
电子邮箱：esp_bj@ 163. com
天猫网店：经济科学出版社旗舰店
网址：http://jjkxcbs. tmall. com
固安华明印业有限公司印装
710 × 1000　16 开　15. 25 印张　240000 字
2022 年 11 月第 1 版　2022 年 11 月第 1 次印刷
ISBN 978 - 7 - 5218 - 4111 - 4　定价：79. 00 元
（图书出现印装问题，本社负责调换。电话：010 - 88191510）
（版权所有　侵权必究　打击盗版　举报热线：010 - 88191661
QQ：2242791300　营销中心电话：010 - 88191537
电子邮箱：dbts@ esp. com. cn）

前　　言

　　当前，中国经济社会正从高增长发展时期转入高质量发展时期，正处于改革增长模式、调节经济社会内部结构、转变发展动力的攻关阶段，建立和完善社会主义市场经济体制成为跨越时期的紧迫任务和中国经济社会的战略目标。财政部认真贯彻执行党中央、国务院作出的决策部署及战略布局，财税管理制度转变加速推进，国家预算管理体系不断健全，财政资金使用效益不断提高，为推动我国经济社会健康可持续发展提供了坚实保障。但也要看到，当前政府部门预算绩效工作中依然面临着一些突出问题，主要是部分政府部门绩效理念还没有牢固树立，项目管理领域重投资轻管理、重支出轻效益的倾向还在不同程度上存在，有些还比较突出，实施绩效评价尤其是落实评价结果应用的广泛性、覆盖面和有效性还不够充分，经费支出消耗不合理、支付进度缓慢甚至长期闲置的现象也较为明显，克扣挪用、截留私得、弄虚作假冒领的现象时有出现，绩效评价机制的约束效果不强、绩效考核结果与政府计划安排和政策调控的有效挂钩机制还没有形成等。

　　发挥好政府公共财政职能作用，就需要根据全面深化改革的需要，积极推进构建社会主义现代财经体系，形成全面系统、规范公正、科学合理、制约有力的政府预算管理体系，以实施预算绩效管理工作为切入点和突破口，处理好绩效管理工作中面临的突出难题,促进政府财政投入聚力增效,提升政府资金供给效率,最终提高政府公信力和执行性、实现国家治理体系及治理能力现代化。设计科学合理的专项资金绩效评价制度,对专项资金使用的合规性、经济性、效益性和效益性进行客观正确的衡量,不但可以规范财政部门专项资金的开支活动,同时绩效考核的结果还为财政制订计划、合理安排专项资金开支的方式和范围提供合理的依据。开展财政专项资金绩效评价将促使政府部门更加有效地管理、更加科学地使用财政资金,推动提高政府资源的配置效率,实现资源的最优使用,促使财政专项资金支出更好贯彻落实各级党委和政府各阶段确定的发展战略,让有限资金发挥出最佳的效益。可见,财政专项资金绩效评价,既能推动政府财政开支结构调整的能力增强和支付体系完善,又能促进政府财务管理方法改革与创新,对于加强预算管理建立现代财政制度、强化单位财务管理提升政府治理效能,都是有力的抓手和有效的手段。鉴于当前专项资金绩效评价的改革与实践仍在如火如荼地开展,理论界与实务界对于专项资金绩效评价的全貌,尤其是历史演进和前沿趋势,还缺少系统、全面的总结,本书的撰写能够在一定程度上弥补这一缺憾,为理论研究提供扎实的素材,为实务工作提供有益的参考。

本书对专项资金绩效评价的相关问题及实践展开系统性的梳理、阐述和介绍,完整呈现我国财政专项资金绩效评价的演进历程、探索实践、体系框架、前沿问题及典型案例。主要内容包括:一是专项资金绩效评价概述,阐释其概念、框架、方法、意义与功能;二是专项资金绩效评价的理论基础,先梳理其基本理论,然后介绍其基本方法;三是对专项资金绩效评价与成本预算绩效分析进行辨析,分别阐述其工作要点及重难点问题;四是系统介绍专项资金绩效评价的体系框架,按照业务环节展开,包括目标申报、预算评审、绩效跟踪、自评价、结果运用和指标体系等重点内容;五是专题介绍专项资金绩效评价的指标体系,包括指标体系的构建原则、指标类型、指标评价思路、多层次指标体系设计及指标权重设置等问题;六是专项资金绩效评价标准研究，包括评价标准概述、标准分类、标准测定与选取以及评价计分模型等内容；七是专项资金收益问题研究，梳理了相关的基础理论，并对其问题根源做了剖析；八是专项资金绩效评价的结果应用，分别介绍了项目绩效评价、单位绩效评价、部门绩效评价和综合绩效评价四种不同类型绩效评价的结果运用情况；九是对专项资金绩效评价信息平台规划研究，包括平台建设情况、平台构建目标与原则、平台需求分析、平台总体架构设计、平台主要功能规划等内容；十是以某市学科建设专项资金绩效评价为例，对于专项绩效评价的主要环节及关键问题做了场景化的阐释。

本书在编写过程中，参考了国内绩效评价相关的文献、教材和案例资料，汲取了大量有价值的观点及编写方法，对上述文献的作者表示感谢。

当然，由于笔者水平有限，缺点和疏漏难以避免，恳请各位专家、业界同人和广大读者批评指正。

张国魁

2022 年 8 月

目　　录

第一章

专项资金绩效评价概论

第一节　专项资金绩效评价概述

一、专项资金绩效评价的相关概念

专项资金是由国家政府主管部门或有关机关以及上一级主管部门下拨对行政管理机关事业机关有专门规定作用或特定作用的资金。而这些资金一般都会要求进行单独会计核算，专款专用，不能挪作他用，并要求单位报账核算的资金。在当前各项管理制度与法规中，对专项经费都存在着不同的称谓，例如专项资金、专门开支、专款等，同时在所涵盖的内容上也有一定的差异。但从总体来看，其内涵上又是一致的。

专项资金一般具有以下三个性质：一是直接来自政府财政部门以及上级机构；二是专门用于某些工作；三是必须独立核算。

国家专项资金，按其形成的来源大致可分为专用基金、专用资金和专门贷款三种。

专项资金的绩效，是指国家财税专门支出为实现经济社会发展公用生产需要以及一定的国家宏观调控总体目标，而在市场经济各个层面上有效进行使用的情况，是国家财税专门支出在社会发展工作中的成就、效果、效益以及财务工作效率和效能，是指国家财政部门在执行其职能和意愿的工作流程中所展示出的效果和成绩。

也就是说，财政专项支出的成绩主要包括了财政专项支出管理工作与运用中的效率性、经济度、公平度和经济社会影响等，在评价标准尺度上，对财政专项支出的成绩主要可从实物形式和价格等方面进行综合分析，实物形式方面主要可从财政专项支出的投入资源与现实产品成果之间的对比关系上进行综合分析，而价格形式方面主要指的是通过对投入资源构成的适当调节，达到对一定生产投入要素的成本花费最小化和对一定费用支出成本的产品率最大化；在成果反映上，要从宏观成果、经济社会成果和经济政治成果等几个主要方面进行综合分析，强调了社会经济生产总量的扩大、社会主义国民经济内部结构以及整个经济社会产品成果的改善等维度上进行综合的评估。

财务预算又称公共财政计划，是指政府的基本财务收支情况规划，这些计划依据特定的准则把政府财政收入与财政支出分门别类地纳入一定的支出划分表中，以明确反映政府部门的基本财务收支情况。

财务预算，是由政府部门制定并经国家立法机关批准、体现了政府在一个财政年度内的财务收支情况的综合计划，通过财务预算，既能够让全国人民都知道政府财政活动的范围和方向，也能够反映政府的政策意图和总体目标。

公共财政是国家所有的财政，财政预算是政府部门职权分配的表现，其职权分配必须和责任分配相对等。作为市场经济条件下、反映新时代要求的预算模式，财政预算要求政府预算体现绩效，体现政府各部门的权力与责任。

专项经费包含财务预算资金投入和国家预算费用。财务预算总收入，主要是指从政府部门及所属事业单位财务管理中获得的政府财政拨款、地方行政和预算外资金、政府各项事业总收入、各项事业机关运营总收入、政府其他费用总收入等。财政预算开支，主要包括政府部门及所属各项事业机关财务的行政开支、各项事业开支、社会保险费用、基建开支、掘底改造工程经费、重点研究三项经费（新商品测试费、中心实验费和重点科学研究项目奖励费）及其他支出。

绩效的基本内涵为：一是指工作团队中个人（团队）在特定时期内，可表现的各项工作情况及其可评价的结果；二是指组织者根据个人（团队）在过去实际任务中的品质和技能，引导其进步成熟，并且预测该个人（团队）在未来特定时期内，所能达到的绩效结果。而绩效即绩与效的结合。绩是业绩，体现组织或个人的任务和目标；效是效率、效果、方法、方式。简单而言，事业绩效就是一个团体或个人在特定时间里的总投入与产出状况。在这里，总投资就是指对人员、物质、财务和工作时间等资源的总投资；而输出则是指事业目标在总量、品质和效益等方面的实现状况。绩效是相对的概念，在不同的社会历史环境条件下都具有相对性，是相对某些体制、某个政府行政功能和施政质量、特定社会支配性文化、或某些经济机关来说的。业绩也可通过主观性与客观性来划分，主观因素指的是个人所作出的努力，而客观性则指的是客观上形成的成果。尽管在许多情形下通过客观成果来划分业绩比较明智，但是在绩效评价与制定激励员工的管理举措时，不应忽视绩效的主观特征。此外，绩效还具有质量属性，而且质量属性是可以计量的。

绩效评价是指利用相应的评估方式、衡量指标体系、评估准则等对评估主体完成其职责而设定的业绩目标的完成程度，及其为完成业绩目标而进行的计划实施结果所作出的综合性评估。绩效评价关注的是投入所产生的实效，追求投入产出比的最大化，产出的最大化具有最高的绩效。评价结果涉及诸多因素以及它们的复杂关系，但其最终关注的还是产出的最大化。因此，为了达到良好的绩效管理与绩效评价，每一个组织都应该有一个良好的内部管理制度安排。所以如果实行以成果或绩效为导向的管理机制，很显然就能促进专项资金的合理利用。

利用科学合理、标准化的评估指标体系和科学合理的评价准则，对财政预算支出活动过程与效益作出客观、公允的评价比较与综合评价，就是专项资金绩效评价。它对专项资金的使用状况实施考核和监管，并以财政支出效益为最终目标，评价了政府职能的正确合理性的完成情况，也即评价了政府所供给的公共商品与服务的规模和效率，并强调了公共支出与管理工作过程的目标、成果以及效益等，由此而成为反映政府公共财政面向结果的一个重要经营思想与科学管理方法。它的主要目的就是改善政府财政开支的管理水平、经费使用效率和社会服务能力。绩效评价结果可以被用作政府预算编制和项目研究的基础，以增强政府财政资金使用的经济性、效能性和有效性。

二、专项资金绩效评价的目标导向和基本原则

专项资金绩效评价主要着眼于预算资金运用后的未来效果，而且促进未来效益的最大化。为实现这一目的，必须遵循目标管理的基本 SMART 原则。该原则需要从目标导向入手，并充分体现在以下五个方面：（1）目标设定具体清楚，可行性强，不可漫无边际；（2）总体目标测度要能量化，可以计量，具备刚性，但不可自由改变；（3）目标制定要具有现实意义，总体目标才能完成，不能虚无缥缈；（4）总体目标着眼实施结果，体现成果导向，不能本末倒置；（5）总体目标的完成过程要具有时段性，具有时间坐标，不能模糊不定。

专项资金绩效评价，应当坚持下列基本原则。

1. 科研规范管理基本原则。必须严格遵循客观、准确、科学、合理、有效的规定，同时遵照规范化的管理工作程式，使用量化数据分析和定性标准分析方法有机地紧密结合的办法，进行评估。

2. 公正与公开原则。在整个绩效评价流程中应保持真实、客观、公平，依法披露和进行监管。

3. 分级分类原则。这一原则需要由各级财政、计划行政部门按照考评对象的特征等，分级或分类组织人员进行绩效评价。

4. 绩效管理相关原则。这一原则要求绩效评价根据具体支出及其产生绩效而开展并实施，评估结论必须清晰体现成本与产出业绩间的紧密相对关联。

第二节　专项资金绩效评价框架

一、专项资金绩效评价的对象

专项经费绩效考核的对象主要包括：（1）列入地方人民政府计划管理的资金投入；（2）列入政府部门计划管理的资金投入；（3）各类财税专项资金。根据预算级次，也可包括由本级政府财政部门计划管理的资金投入以及上一级财政对下级政府的转移支付资金。

1. 部门计划资金绩效考核，包括：（1）基本费用绩效考核；（2）专项费用绩效考核；（3）机关总体开支企业绩效评估。绩效考核要以项目开支为重点，着重评估特定数额以上、与本机关职能紧密联系、产生明显社会影响或者经济效益影响的建设项目。另外，绩效考核条件充分的地区，需要对机关总体开支加以评估。

2. 上一级人民政府对下属人民政府的移动支出，分为：（1）一般性转移支付；（2）专门移动支出。对一般性转移支付建设项目实行绩效考核的重心，是为落实中央重要政策措施而实施的重大转移支付建设项目；对专项转移支付项目实施的绩效，原则上必须以对社会主义、国民经济发展和人民生活有重要影响的建设项目支出为重心。

二、专项资金项目绩效评价的内容与程序

（一）绩效评价的基本内容

专项资金绩效评价的基本内容包括：（1）业绩目标的制订和核定状况；（2）投入和运用状况；（3）为完成业绩目标建立的管理体系、采用的具体措施等；（4）业绩目标的完成程度和成效。

绩效考核一般以预算年为期限，但对于跨年度的重大重点项目，要根据项目情况或费用状况进行阶段性评估。

（二）绩效评价的具体程序

1. 开展事前绩效评价。核定项目绩效目标，运用项目绩效目标指标与项目预算资金之间的相互关系，以及对项目绩效目标评估指标的评价结果，以判断项目预算投资的合理性。主要工作流程包括：结合绩效目标申报入库工作—财政部门自行组织或聘请第三方机构进行绩效评价—核定财政支出项目绩效目标及审核提出项目预算资金建议安排额度—财政预算部门复核审定—财政部门确认项目入库—财政部门安排当年预算资金。

2. 开展事中绩效评价。使用规定的政府绩效考核指标和政府绩效目标考核指标中的二级指标——综合计划资金和目标计划指标，来追踪考核政府绩效指标设计的科学性、财政资金的合理使用情况和绩效管理状况。其操作过程为：财政预算使用计划进行中期—财政部门自主组织或委托第三方评估单位对确定的绩效指标与规划进行评估—提交评价意见—财政审批评估建议—向建设单位反映评估建议—项目单位动态变更或修正。

3. 开展事后绩效评价。利用政府核定的各项业绩目标指标和财政预算支出绩效评价指标体系，通过检测政府财政资金的产出效果与效益，客观评估业绩目标的实现状况，为政府绩效考核成果反馈与资金使用管理等环节，提供了真实可信的大数据分析结果。主要的工作过程包括：国家财政预算支出项目实施完毕后—项目单位绩效自我评价—国家财政自主组织或委托第三方组织实施项目重点绩效评价—提交绩效考核报告单。

4. 开展绩效评价结果反馈与应用。将重点绩效评价的结果，反馈给预算部门和项目单位，并应用于以后财政资金的申报和使用过程。主要工作流程包括：根据重点绩效评价报告书—向项目单位反馈评价意见—评价结果应用（整改、公开、奖惩、与以后年度预算资金分配挂钩等）。

第三节　专项资金绩效评价方法

一、专项资金绩效评价基本方法

国外政府对绩效评价最有代表性的办法大致有三类（见表1-1）："3E"评价法、标杆管理法和平衡计分法。它代表着政府三种不同的发展阶段，"3E"评价法则是对行政绩效评价的开端，标杆管理法预示着对政府行政业绩全面评价工作的展开，平衡计分法明确提出了政府部门要以更长期的视野对国家经济社会的发展进行远景规划，并反思了其在国家经济社会发展中应肩负的责任。

表1-1　　　　　　　　　　　评价方法比较

项目	运用背景	价值准则	指标体系	优点	缺点
"3E"评价法	政府面临严重的财政危机	成本节约	规范化的三指标：经济、效率、效能	指标明确，有利于对政府的财政控制	指标单一、片面，与政府行为本身的难以量化相悖
标杆管理法	政府改革进一步深化，政府企业化的呼声越来越高	实现政府效能的全面提升，发挥政府对社会的全方位引导作用	不固定，可以根据测评需要自主确定	指标确定比较灵活、全面，集评估与比较于一身，有较好的激励效果	随意性较强，易导致指标体系的繁杂；对管理主义的强调易忽略政府公共性的本质
平衡计分法	短期化行为较为严重，导致资源的严重浪费	主张长期战略与短期目标之间的平衡	较规范，在指定的四个领域内细化	既注重现实结果又兼顾长远发展	—

目前，国家专项资金绩效考核的焦点是资金成本的考核，一般采取指标管理法，利用评价指标体系中的各指标实际完成状况和考核指标的对比，结合分析实际完成情况，再加以定量管理，得出的考核分值。

二、专项资金绩效评价方法体系

专项资金绩效评价结果，需要根据考核指标内的所有项目完成程度综合生成考核结论，评价结果通常用综合评价值表示。

专项资金绩效评价的方法是指在一定的基本方法下进行绩效评价时所使用的某些技术方法，以及分析和评估政府财政项目业绩的手段和途径。而绩效考核方法的选择必需本着简单可行的原则，按照所评估项目的具体内容、特征和评价的主要问题等实际情况合理选用。当评估项目或评价问题适宜用各种方法评估时，应选择两种以上方法进行评估分析，以形成科学合理的评估结果。

具体评估方法如表 1－2 所示，其中，着重说明综合评估方法、指标权重确定方法和指标值计算方法。

表 1－2　　　　　　　　专项资金绩效评价方法

综合评估方法	指标权重确定方法	指标值计算方法	标准值确定方法	指标评价值计算方法
加权平均法 模糊综合评价法 主成分分析法 数据包络分析法	专家个人意见法 专家评议法 德尔菲法 层次分析法 环比评分法 熵值法 本征向量法 最底层指标权重计算法 综合权重法	成本效益分析法 比较法 因素分析法 最低成本法 公众评价法 统计计算法	计划标准法 行业标准法 历史标准法 其他方法	比率法 功效系数法 其他方法

第四节　专项资金绩效评价意义与功能

一、专项资金绩效评价的意义

我国认真贯彻执行了党中央、国务院的发展战略布局，财税管理制度转变加速推进，国家预算管理体系不断健全，政府各部门财政资金使用效益不断提高，对推动我国经济社会增长产生了重大影响。但也要看到，在当前政府部门预算绩效工作中依然面临着若干突出问题，重点是：政府部门成绩理念还没有牢固树立，在部分地区和部门已经出现了重投资轻行政管理、重费用轻效益的意识；效益监督管理的广泛性和深入都不足，未能涵盖全部资金，在部分领域的资金投资中低耗不合理、长期搁置积压、造成资金耗费的现象也相对明显，克扣挪用、截留私得、弄虚作假冒领的现象也会有出现；业绩激励机制约束效果不强，绩效考核结果与政府计划安排和政策调控的有效挂钩机制还没有形成。

当前，中国经济社会正从高增长速度发展时期转入高质量发展时期，正处于改革增长模式、调节经济社会内部结构、转变发展动力的攻关阶段，建立社会主义市场经济体制成为跨越时期的紧迫任务和中国经济社会的战略目标。发展好政府公共财政职能作用，就需要根据全面深化改革的需要，积极推进构建社会主义现代财经体系，形成全面系统规范公正、目标科学合理、制约有力的政府预算管理体系，以实施预算绩效管理工作为切入点和突破口，处理好绩效管理工作中面临的突出难题，以促进政府财政投入聚力增效，提升政府资金供给效率，以提高政府公信力和执行性。

以习近平总书记新形势下我国特色社会主义理论为指导，全面系统深刻执行党的十九大精髓和十九届二中、三中、五中会议精髓，进一步保证和强化中央的全面系统领导，坚定不移、稳中求进开展各项工作的总基调，深入落实创新型经济蓬勃发展宗旨，紧扣当前经济社会问题快速发展变化趋势，严格遵循国民经济高质量快速健康发展的基本要求，紧紧围绕国家统筹协调组织执行"五位一体"总体格局和协同推动"四大全部"的重大战略格局，继续以供应侧结构化改造为主线，改进预算管理工作方法，更加注重成果引导、注重降低成本效益、硬化责任制节约，争取用 3 ~ 5 年时间基本建立综合性、全过程、全覆盖面的计划业绩目标管理制度，完成了计划与业绩目标管理工作统一，同时着力推进提升公共财政资源配置业绩与利用率，进一步改造了计划资金分配的固化格局，有效提升政府管理能力与政策执行成效，为国家经济社会健康发展提供了强大保证。

开展财政专门工作的资金绩效考核项目，既反映出政府财政开支结构调整的能力更加增强、支付体系更加完善，又反映了政府财务管理的方法也有一定意义上的转变，可以促进各部门更加重视财政专项资金的使用效益，力求进一步提高财政的工作效率，让受限的资金充分发挥最佳的效益。采用科学合理的专项资金绩效考核制度，可以对专项资金使用的合规性、经济性、效益性和效益性做一个客观正确的衡量，不但可以规范财政部门专项资金的开支活动，同时绩效考核的结果还为财政制订计划、合理安排专项资金开支的方式和范围提供合理的依据。

财政专项资金绩效评价制度的实行将促使政府部门更加有效地管理、更加科学地使用财政资金，努力提高政府资源的配置效率，实现资源的最优使用，从而使财政专项资金的支出更好地反映政府阶段性的发展战略。

二、专项资金绩效管理的依据

专项资金绩效管理的依据具体包括以下内容。

（1）《中共中央关于全面深化改革若干重大问题的决定》；

（2）《中共中央关于全面推进依法治国若干重大问题的决定》；

（3）中国共产党第十九届代表大会报告；

（4）《中华人民共和国预算法实施条例》；

（5）《中共中央国务院关于全面实施预算绩效管理的意见》；

（6）《国务院关于深化预算管理制度改革的决定》；

（7）《国务院关于批转财政部权责发生制政府综合财务报告制度改革方案的通知》；

（8）《财政部关于印发〈中央部门预算绩效目标管理办法〉的通知》；

（9）《财政部关于贯彻落实〈中共中央国务院关于全面实施预算绩效管理的意见〉的通知》；

（10）《财政部关于修订〈财政管理工作绩效考核与激励办法〉的通知》。

| 第二章 |

专项资金绩效评价理论基础

第一节 专项资金绩效评价的基本理论

一、"3E"原则

专项资金绩效评价涉及诸多领域和目标任务，对于政府和社会公众关心的问题，例如财政支出的合规性与合理性、项目支出的客观性与真实性、支出后的效益结果如何等，都应在绩效评价中得到体现。因此，为了提高国家专项资金绩效考核结果的逻辑性、科学性和适用范围，就一定要确立具体的、操控性较强的科学研究基本框架和办法主线。20 世纪 80 年代开始，西方发达国家以绩效审计理论与实务为主要依据，并参考了其他领域的理论研究成果，提出了专项资金绩效考核的"3E"基本原理，即经济性（economy）、效能性（efficiency）和有效性（effectiveness）。"3E"原理也是专项资金绩效考核理论的基本平台，与企业绩效考核的根本原理。

（一）"3E"原则的发展和内涵

按照理论界对于财政支出绩效评价的认识程度，可以将其划分为以下三个阶段。

1. 19 世纪开始的传统的财务合规性评价，主要目的是检查财政支出执行有无错误、使用过程是否合规等。在此阶段，绩效评价主要是通过预算控制手段来实现的。也就是说，对财政支出结果的评价是通过产生这些结果的程序而不是依靠其他独立的标准来进行的。运行良好的预算过程所产生的结果一定是正确的。至于财政支出是否导致公共支出规模持续膨胀，甚至导致预算失衡，或者运行是否经济和合理，则不在评价考虑之列。

2. 20 世纪 30 年代以后开始的经济性和效率性评价。在此阶段，除了要对财政支出的财务合规性进行评价外，评价机构更加注重对被审机构是否经济有效地管理和利用其资源，财政支出效率如何，导致支出效率不高或低效运行的原因等方面的评价。

3. 20 世纪 80 年代初期以来的经济性、效能性与有效性并重的研究，即"3E"评价。这一阶段，财政开支绩效考核评估的侧重点除了考察政府开支的实际经济效果和效益情况即是否达到了投入与产出比的最大化之外，还突出了政府开支的长期效益评估，即财政权力机构所制定的预期成果或效益措施能否实现，支出对社会发展、国民经济的整体影响怎样，是否能够可持续发挥，被审计机关又有没有考虑过可能以较低价实现预期效益的或其他可供选择的措施等。进入 20 世纪 90 年代，质量、环境、就业和公众满意度被提到了重要地位，出现了传统绩效评价所不具有的评价内容和评价理念。

经济性，是指以最低的成本取得质量较高的资源，也表示以最低的成本获取最高的投资回报率。例如人员投入过多或者质量要求太高，或者所投入设备过于昂贵，这便违背了经济性。经济性的核心是实际所使用的资源要不高于计划。力求节约意味着，虽然在资源配置阶段把大量精力放在这一方面，但超出需要的资源可能已经分配出去，而通过对实施工作的细节予以审慎关注，将会促使机构时刻关注资金浪费和分配不均等问题。经济性原则上曾是国家专项资金绩效评价的主要准则之一，但由于市场经济的发展，单纯的经济性原则已逐步被综合效益性原则和社会效益最大化原则代替。

效能性，是指政府投资与生产率之间的比例。根据一个单位的投资，寻求生产最大化，即相同投资能力下实现生产的最大化。如果以少量的投资获取相当的产出，或以相当的投资能力获得更多的生产，则可以说此项活动在效率方面有所提高。若工作目标不清晰明确，或原料和物资有所积压，资源没有得到充分利用，则属于效率低下。效率性原则是政府及公众对财政支出在项目决策、项目实施、项目效益等方面要求的具体体现，在专项资金绩效评价中占有非常重要的地位。

有效性，是指计划目标实现的程度，主要关注的方面是确保既定的活动实现预期效果，同时也表示产出对目标实现的影响程度。这里的有效性是指预算支出的结果在政治、社会、经济等各个方面的期望达到的目标及效果。它主要包括产出的质量是否导致社会、政治、经济所期望的效果，同时也涉及效果及产出之间的紧密关系。一般来说，支出涉及文化、体育、社会、科学、政治、经济等多个领域，它满足了社会公共需求的各个方面，所以应多方面地从不同领域去表现预算支出的多项效益。以财政支出为例，例如财政支出产生的直接及间接效益、社会及经济效益、近期及远期效益等。西方国家在进行公共支出资金绩效评价时，将经济性转换为有效性；有些国家在财政资金的监督管理上，把加强收入监管转换为加强支出监管，有效性原则逐渐在不断探索的过程中被提出。这是通过开展公共支出资金的绩效评价形式，来增强对宏观调控效果管理与控制的重要体现。各个要素结合所产生的效果组成了财政预算支出的总体效益，只有不断提升各个层次，才能使财政支出的总体效果得到高标准的实现。要想在进行预算支出绩效评价时，基于投入相同的支出来获取更多的成效，就应当考虑如何将评价工作重心放在支出的合理性上。

（二）"3E"之间的关系

从理论和实际之间的关系来看，深入研究和理解"3E"之间的差异与联系，对于在绩效评价实务中确定评估目标、对被评估单位的财政支出进行合理的绩效评价都是必要的。

在资金使用过程中，资金运用部门有时由于对实际支出成果状况的朦胧认知，而忽略了最终的目标或经济效益，而一味寻求费用的社会经济节约；

又或是因为无视经济效益，而一味寻求经济效益导致了损失；也有的因为寻求所谓的"经济效益"而无视实际资金状况，由此限制了综合效益等。由此可见，经济性、效能性、有效性三者间的差别和联系是真实产生的。而这些差别和联系，不但体现在资金运用部门投资或决策时的评估、抉择、取舍等方面，而且体现在对考评员的具体评价操作中。因此，要对我国资金利用状况，作出正确、真实的判断，就不是盲目地、单一地研究其中的某一个因素，而且必须要在经济性、效能性和有效性三者间的互相联系中加以全面考虑、综合分析，才能作出真实的、公允的判断。

1. 经济性与有效性之间的关系。评价人员评价某一事项绩效情况如何，常常会发现，有时支出虽然经济、节约，但效果不好。这种虽然节约了资金，但影响目标质量的做法，不是市场经济条件下财政支出的目标。经济性应是在效果质量有保障的情况下进行节约。因此，评价人员对虽经济、节约但效果不好的财政支出绩效一般不会给予很高的评价。

由此可见，最合理的评价结论应当是在既经济效益高、效率高又有效的情况下达到期望目标。但由于有效性通常并不考虑为实现目标而利用的资源状况，所以在评估实务中，往往可看到某些支出项目为了达到最佳效益，而牺牲了项目自身的经济效益。例如澳洲的悉尼歌剧院，并不仅仅是闻名世界的历史建筑，而是为悉尼乃至整个澳洲留下了无法衡量的有形与无形财产。也因而作为一座建筑物，其"有效性"可以说达到了完美的程度。而从政府部门考核的市场经济视角分析，悉尼歌剧院的建造花费超过了人们的预期，甚至超过了悉尼市财税能力所能承受的程度。正因为该项工程的"不经济、不节俭"给地方财政部门造成的极大负荷，而引起了人民对工程建设的不满甚至批评。假如说仅仅从效益角度加以评价，悉尼歌剧院的工程建设就不能作为一个很好的政府支出工程，而结合国民经济效果考虑后，其评估结果却产生了相当大的不同，因为该工程即使在极其不效益、不节省的条件下，却达到了持续的、良好的"效果"。这种"效果"，远非那种虽然经济效益但只能产生一般性建设效果的"效果"所能比拟的。所以经济价值与效果既是一致的，又是矛盾的。完整的绩效评价，必须是在经济价值与效用之间的协调性统一。对有的地方对某些经济效益不佳但有着很高合理性的财政支出绩效评价，要加以综合考虑研究，以减少研究的片面性。

2. 经济性与效能性之间的关系。同经济性与有效性的关系类似，好的财政支出项目，也必须是达到经济性和效能性的统筹。但在政府支出实际中，经济性和效能性之间的冲突时有发生。财政开支中的经济效益好、效能性较差，还是经济效益较差、效能性好，这两个状况的同时出现，就必须通过政府部门绩效考核进行具体分析。

在财政支出时，也容易发生过度投资而影响效益的现象。以某大楼的建设为例，如果工程单位在市场上购入的建筑材料很便宜，从而节约了建筑成本，但由于建材质量差，工程质量得不到保证，就会增加返工时间，从而影响效率。这是一种影响效能性的常见现象。从另一个角度来讲，有时还会发生为成本性而损害经济效益的情况。例如该大楼的建设，如果建筑材料质量高、建筑方案合理，建筑速度就快，但高质量的建材往往会导致建筑成本的上升。那么，在进行具体评价时，不能简单认为该项目由于成本超出了预期，就是一个不好的项目，因为有时项目需要以高成本换取高速度或高效率。因此，评价人员要进行评价管理，在购买什么价位的建材，同时能达到最可接受的效率之间是否作出了最佳选择。

3. 效能性与有效性之间的关系。以最好的方法、最好的速率达到最佳的结果，是在效能性与有效性之间辩证关系的最佳状态。因此，评价一个项目的绩效状况是否良好，主要看项目是否效率高、效果好。但需要特别注意的是，高效率不一定能取得好效果，效率高但无效果的情况也是有的。同样，效果好但效率低的情况也时常存在。因此，当存在效率高、有效性不好或者工作效率低、实效性好这两个关系时，就同样必须在绩效评价时加以具体分析。例如某高速公路建设提前、高效地完成了，但由于可行性研究不够，实际建成后车流量小，结果造成无法在预定时期内收回投资。此时，就不能得出良好的评价结论。因为该支出项目既没有达到社会目标，也没实现其回收投资的经济目标，也就是说不但社会效果不好，而且经济效果也不好。因此，即使该项目建设本身是高效甚至是节约的，但从综合绩效评价角度来看，应是一个效果不佳、绩效不良的财政支出项目。同样，对于有效性非常好但效率低的项目，也不应认为它是一个好的项目，因为效率低可能会影响项目成本，甚至是长远效果。因此，单从效能性与有效性问题而言，绩效评价所重视的是质量和效益之间的统一。效率是过程，效果是目的。效率最终是要达到效果，孤立的效率没有意义。评估结果应当是以实现效果为主导地位的综合评估。

从以上各个角度的分析可以发现，深入研究并理解经济性、效能性与有效性间的差异与相互关联，是确保专项资金绩效考核结果客观、科学、公允的客观要求，对经济、效率、效果之间关系的分析，应与具体绩效评价工作需要相结合。在实际绩效评价工作中，评估工作者是没有带着三要素与所占关系的确定方法去分析任何一种情况的，甚至有时新出现的情况也不一定能根据上述分析的一种情况加以评定。为真实、正确地进行绩效评价，考核机构必须对经济性、效能性和有效性这三种因素加以衡量，然后具体制定三要素的目标，并对每一个状态加以定量确认，从而达到全面考核的目的。

二、成本效益分析理论

在西方经济理论中，基于公共商品的特点，不管消费与否、消费多寡，个人能享受的公共商品数量都是相等的。公共商品自身所存在的非排斥性，导致诱使寻求效能最大化的个人隐藏或歪曲了自身的偏好，以坐享因他人的付费而产生的供给，从而导致公共商品的实际供给偏离了帕累托效用。

因此，在西方的经济学视野中，对"免费搭车"、真实"偏好显示"等现象的分析，就可以合理有效地提供公共产品，从而提升公共资金的使用效益。历史上有关这个方面的研究探讨和相关资料，显然对当前政府部门提高效率有着相当的启迪意义。政府部门的公开预算使用活动是一项公共选择，其后果是国家机构的调整与选择。

财政支出的再分配不仅包括了资源配置问题，同时包括了财产的再分配问题。有些财政预算支出项目原本就带有明显的再分配意图，那些不带有再分配意图的公共财政项目，客观上也具有再分配效果。因此，财政预算支出决策必须考虑再分配问题。政府财政预算支出效益，产生于将市民的生活需求整合成公众的需求，政府部门只有理解并根据民众的需求进行资源配置才是高效的。政府财政预算支付行为，其实是社会资金汇集到财政手里后再对其运用的行为。当有限的资金汇集到财政手里实现其价值后，财政占用资金也是合理的。

政府预算资金支出体现了政府的政策选择，它代表着财政供给的公共物品数量与公共服务的多寡，对其展开的绩效评价，就是对政府资源分配的合理性、有效性的考核与评价。以成本效用分析作为财政预支出策略，试图探索在投资决策上怎样以最少的成本获取最高的利润。在此方案中，每一种项目或决策的成本与利润都将被一一给出，并加以衡量。

成本效益分析概念由法国经济学家朱乐斯·帕帕特提出，其后被意大利经济学家帕累托重新定义。美国经济学家尼古拉斯·卡尔德与约翰·希克斯在 1940 年对该学说进行了提炼，并建立成本效益分析方法的理论基石，即卡尔德—希克斯原则。成本效益分析方法采用比较项目的所有成本与效果来评定项目价格，其方式大致有以下两类。

（一）净现值法和内部收益率法

净现值（NPV）法和内部收益率（IRR）法将出现在各个时间的资本的流入，通过贴现计算，换算成本期的数值，再通过贴现计算，换算成本期的数值，从而消除了不同时期货币贴现率和通货膨胀的影响。

净现值是指项目融资过程所形成的未来资金流的折现值和原建设项目投入成本中间的差值，因此，净现值法也是评估建设项目融资方案的另一个方式。相关的计算公式如下：

$$NPV = \sum_{t=0}^{n} C_i (1 + R)^{-i} - C_t (1 + R)^{-i}$$

其中，C_i 表示项目的净现金流量；C_t 表示项目结束后的剩余经济价值；R 表示项目的基准回报率，是贴现率，为项目利用的机会成本。净现值是正，投入方案设计便是可以接受的；假如净现值是负数，投入方案设计便是不能承受的。所以净现值越高，投入方案设计就越好。

净现值法是一项科学简便的投资方案评估方法。净现值法所依据的基本原则是：假设预期的现金流动性到年末就一定能够完成，即将建设初期投入资金认为是按预期贴现率贷入的，当投资项目净现值是正数时，在支付本息后该建设仍有剩余利益；当项目净现值为零时，在支付本息后该投资将一无所得；当净现价为负时，项目利润将无法支付本息。

内部收益率法，又名企业财务内部收益（FIRR）法、内涵报偿率法等，是以内部收益率来衡量企业的理财效益的办法。而所谓内部收益率，是指资本进入价值净额和资本流形成价值净额相同、净现值等于零时的贴现率。内部回报率，是一种投资项目可望实现的收益率，指能达到的投资项目净现值等于零后的折现法率。具体计算公式如下：

$$\sum_{k=0}^{n} \frac{I_k}{(1 + IRR)^k} = \sum_{k=0}^{n} \frac{O_k}{(1 + IRR)^k}$$

其中，I_k 为第 k 年的现金流入量；Q_k 为第 k 年的现金流出量；IRR 为内部收益率。如果 IRR 价值等于市场收益率，就说明项目生存发展是可能的，但也不一定是最佳的，因为最好的项目就是 IRR 价值最高的项目。

（二）现值指标法

现值指标（PVI）是指某一融资计划方案未来现款进入的现值，同其现款排出的现值之比。比较现实价值技术指标表示为未来收益率的现实价值净额与初始投资现值净额之比，其实质为每一元初次投放资本所能得到的未来收益率的现实价值净额。

这些方法各具所长，有其不同的适应性。但一般来说，假如融资项目是不可分割的，则应当选用净现值法；假设项目投资是可分离的，则应该选用现值指标法，以择优分析现值指标最高的建设项目；而假设项目投资的利润能够进行再投资，则可选择内部利润法加以分析。

在对政府公共财政支出进行成本分析时，应明确成本和效益究竟包括什么内容。政府部门不同于私人部门追求社会福利的最大化，而是服务社会全体成员，关注的是公共收益。政府提供的公共物品存在与私人物品截然不同的特性——外在性。这种外在性包括技术外在性和货币外在性。不论什么时代，如果某个人的社会效用或产品利益关系中存在由别人所确定的现实变数，而别人在作出决策时也不会特别地考虑它对自身的社会利益的影响，这时候就产生了外在性。因此，在对公共物品进行成本效益分析时，还应当考虑其外在性。

对专项资金进行成本效益分析，可分为以下四步。

1. 确定备选公益性建设项目。即使不是全部体现了政府职能的财政支出建设项目也可以进行成本效益分析。通过进行成本收益分析，先要明确能够准确计量成本和效益的项目。很显然，例如国防、外交、司法等项目不宜采用此方法，因为这些项目是以社会效益为主的。

2. 鉴别成本和效益。须明确该项目考虑哪些成本和效益，不需要考虑哪些成本和效益。公共项目种类多而且繁杂，鉴别其成本和效益是此项分析的主要难题。此项分类的一般准则包括：仅仅考察实际成本和效益；直接、间接的成本和效果都需要考察；考察了有形、无形的生产成本和效果；考察了中间、最后阶段的生产成本和效果。

3. 计量成本和效益。上一步骤完成以后就要对成本和效益进行计量。衡量生产成本与经济效益一般使用的工具是最低价格选择法、价格剩余计量法、时间价格计量法、时间价格计量法。

4. 选择决策标准。进行成本效益分析，是为了帮助政府作出高效的支出决策。从政府的使命、职能等来看，选择决策的标准为公共支出项目的社会效益应当大于支出成本，且不存在其他更优的备选项目和决策。

第二节 专项资金绩效评价的基本方法

专项资金绩效考核的方式一般有成本效益分析法、比较法、因素分析法、最低成本法、公众评价法、标杆管理法等。依据评估对象的特点，可以选择一项或多项指标。

一、成本效益分析法

成本效益分析法，是指利用比较工程项目的全部成本与社会效益来评定工程项目价格的一类方法，成本效益分析方法作为一项宏观经济决策方式，可使用在政府部门的经济计划决策当中，以探索政府在经济决策上怎样以最少的成本费用取得最高的利润，也适用于评价必须量化社会效益的公共事业工程项目的价格。

二、比较法

比较法是指把实际状况和绩效情况、企业状况、各个部门与地方同类部门状况加以对比的办法。

三、因素分析法

因素分析法是通过研究目标与其所联系方面的联系，在总量上判断各因子对研究指标影响方式与深度的一类技术。因素分析法既能够综合研究各因子对一个国民经济目标的负面影响，也能够独立分析一个因子对相关国民经济目标的负面影响，在企业财务分析与绩效管理中的运用相当普遍。

四、最低成本法

最低成本法是指在绩效目标明确的前提条件下以投入成本资金最少者为优的管理办法。

五、公众评价法

公众评价法主要是利用公民意见调查，来间接地推断公共关系活动的有效性。例如，通过民意测验的形式就可以知道公民的心态有没有变化，组织机构在公民心目中的形象怎么样，组织在公民关系活动中出现的问题以及对公民的意思等，以便为下一步改进公民关系管理工作提供基础。而绩效管理工作则主要采用专家评审、公众问卷和抽样调查等方法加以衡量。

六、标杆管理法

标杆管理法，是指以国内同行业中较高的业绩水准为标准，加以衡量的管理方式。

七、其他评价方法

第三节　国内外经验借鉴

资金绩效评价法从 20 世纪 40 年代提出至今，有 50 余个发达国家在不同程度地实行，从国外经验来看，资金绩效预算的形成具有一定背景条件，并伴随着资金绩效计划的完成过程，因此，这种预算模型也就建立了稳定的基础内容。

一、西方国家政府资金绩效评价起因和发展

从 20 世纪 70 年代末至 80 年代初起，西方国家出现了一次声势浩大而且旷日持久的公共行政管理工作变革运动，它主要来源于英格兰、美国、新西兰和澳大利亚，并很快扩散至西欧各国，这便是称为"新公共管理（new public management）"运动："新公共管理"的研究理论是，代表着政府在社会公共服务管理研究领域蓬勃发展的最新阶段，也是在对原有的公共行政学研究基础理论批判的基石上逐步形成的。而传统的政府公务管理学则兴起于 19 世纪末 20 世纪初，随着西欧诸国工业化的逐步完成而建立起来的，尤其是韦伯的官僚制度研究理论以及威尔逊、古德诺等的政治和行政二分法的基础理论。其主要特征为：行政部门权力管理体系以科层基础理论研究为基石，职权集中，层次清楚；规定繁杂，但职责范围广泛；规模巨大，但程序烦琐；官吏必须照章办事、循规而行；官吏行为规范、非人格化；必须使用较为稳定的行政权力管理程序来完成自己的工作目标。

20 世纪 80 年代开始，西方经济社会以及整个全球出现了根本性的变革。公民的价值观念多样化、要求多元化，民主意识、参政意识提高，时代的变迁也对政府管理提出了新的需求。现代政府管理需要更加灵活、更有效率，并且拥有比较强的应变能力和创造性，政府对公民的需求也更有影响力，更多地让公民积极参与政府管理。而传统的公共管理体系比较死板、迟钝，且具有将政府组织的规模与公共费用总和产生最大化的趋势，因而容易产生高成本、低效率的管理问题，更加凸显。西方各国自 20 世纪七八十年代以来普遍存在的政府财政支出过大、国民经济停滞不前、国家财政危机越来越严重、社会福利制度逐渐进入困境、政府部门效率降低、公民对政府部门的不满日益强烈等问题，也使人类社会开始逐步改变传统的公共行政工作制度。

在这个大历史脉络下，一种学说冲破了原有社会公共管理理论的专业界限，将当代西方市场经济、工业经济信息管理、政策学、社会主义等专业的基础理论、原则、分析方法和技术融入现代社会公共服务组织方式的研究当

中，以寻求高效、优质、低成本、速度快、应对能力强，并具有更完善的社会责任制度的"新公共管理"方式应运而生。"新公共管理"方式对现代西方社会公共服务组织管理工作，特别是行政监督的基础理论和实践发展产生了重要而深刻的影响。绩效管理工作方案设计，既是新公共管理的主要部分，是促进理论知识转变为现实管理制度安排的关键工具。因此，研究业绩预算制度形成的历史背景，也正是由于经济变革，或者说是新型社会公共服务模式的出现，而业绩预算制度的形成也是社会负担与解决新财政资源总需求的无限制性和直接供给的限制化发生尖端冲突的必然成果。所以很明显，研究业绩预算制度就需要将预算体制与新财政制度紧密结合在一起进行。

二、美、英国家的经验借鉴

（一）美国

1. 资金绩效评价的起源。美国也是预算绩效的起源地，自 1947 年开始，胡佛委员会就提出了绩效财政计划（performance budget）改革的建议，主张政府要在预算编制中更加注重产出而不是投资，把政府成本纳入了国家公共财政的责任范围。在尼克松、卡特时代，美国围绕着怎样提升政府的效率和效益，在计划制度上展开了许多变革。到了里根和克林顿时代，以绩效计划为基础而展开的"政府革命"，使美国在完成国家任务、推动国民经济持续增长等方面都获得了良好的成效，使美国政府步入了史上规模最大的经济转型阶段。因此，实现政府绩效计划改革和财政支出绩效考核制度的基本出发点是提升政府运行的效率和效益。在美国的主要表达方式是增强美国政府的"执政能力"。

美国政府的绩效计划制度起源于 20 世纪 30 年代田纳西河流域地区建设管理机构的革新。1993 年，美利坚议会正式批准了《政府绩效与成果法案》（以下简称《法案》），《法案》中规定，所有部门或组织在制订规划、提出部门资本需求规划报表时，应当同时提供一个可以综合评估体现部门绩效情况、便于考核的业绩目标指标，以成为将来评价部门开支绩效情况的规范基础。1997～1999年，《法案》进入全面推广阶段。《法案》使绩效和成本之间的联系更密切、更清晰，使政府自1998年起终结长达近40年的预算赤字纪录，并持续获得财务盈余。

2. 美国绩效预算制度内容。

（1）美国联邦政府绩效预算有四个环节。

第一环节，行政部门制订和向议会递交计划；

第二环节，国会审批预算；

第三环节，执行和预算；

第四环节，监督审计。

（2）美国的预算编制过程非常严格，主要程序有：第一，确定战略性计划任务。第二，制订业绩方案，包括每个财政年度的业绩任务和指标，描述为了实现这些目标的方法、技能、时间、经费以及其他来源，描述业绩成果应该怎样进行检查和审核的。第三，当各个计划全年完成后，各部门都要报送年终业绩报表（美国财年为10月31日至次年9月30日）。

3. 美国绩效计划实施的成效。国家实施绩效计划以来，财政从大幅度的赤字转为盈余，财政效益明显提高。成效主要有以下四项。

（1）形成新的地方政府文化。形成一个以结果为导向、以业绩为依据、以客户利益为核心的新型企业管理文化。绩效预算实际成为绩效政府的代名词。

（2）引入企业竞争精神，建立政府部门自我提高、自我约束机制。按照公司化经营管理模式，将地方政府部门当作一个专门供应公共服务品的经营部门，构建起"公共服务品—公共服务品生产成本—预算管理"的经营模型，并进行对公共服务品的核算，实现了成本预算编制工作。

（3）建立完整具体、简洁明确的绩效指标。分为"质"和"量"两部分内容。"质"即一般所说的最终结果，说明这个财政支出是用来做什么的，企业纳税人从这个工作中获得哪些利益；"量"就是政府做好这个工作的实际效果如何，一般分为产量指标、效益指标和投资项目等内容。

（4）保证财政预算的公开性。政府每年都把所有与联邦政府计划相关的公开文件，透过网络、媒体、刊物等途径向社会公开。

（二）英国

1. 绩效预算起源。20世纪80年代，英格兰政府部门率先推行绩效管理计划改革。英国政府对中央委员会各部的财政开支情况作出了一个全部评价报告，并给出了评估的基本要求，此后绩效预算发展形成相对成熟的流程。英国政府不断完善的绩效预算管理制度，其改革经验也被不少国家所效法（包括我国）。

2. 英国政府绩效预算的环节。

（1）建立绩效目标。在英国，战略目标、业绩目标以及具体的业绩指标，在政府部门和各部门之间达成的服务合同中都有明文规定。

（2）分配资源（预算资金）。各部门在获取项目经费的同时要签署相应的服务合同。

（3）对规划管理绩效工作目标完成状况实行监督。财政部部长、内阁主席定期对各部门和小组，在实现绩效目标任务流程中所遇到的风险情况，实施检验与监督。

（4）出具业绩报表。部门一年两度向议会递交业绩报告，一是春季递交的部门年度报告；二是秋季递交的秋季部门业绩报告（加拿大的财年是每年4月1日至次年3月30日）。

（5）实施绩效审计。业绩审核是绩效预算的主要内容，通过业绩审核能够正确掌握各个部门计划支出所达到的实际效果，通过与期望业绩目标比较，能够看出部门能否实现期望任务。

（6）使用绩效信息。各部分的业绩信息，为下一次预算中资金分配决定提供了依据。

（三）经验总结

1. 发达国家很早就实行绩效预算改革。英国是政府行政推动改革，美国通过《政府绩效与成果法案》立法推动改革。

2. 英美"政府绩效"的基本环节为：（1）设立绩效目标；（2）分配资源（预算资金）；（3）对政府预算绩效实现状况实施长期监测；（4）提交绩效报告；（5）进行绩效审计；（6）合理使用业绩信息。

3. 由于"预算管理业绩"具体实施是由政府行政推进的，"计划业绩管理工作"也基本通过以上多个环节构成，即"业绩总体目标管理工作、业绩执行追踪监测管理工作、业绩评价执行管理工作、业绩评价成果传递和运用管理工作"这四大环节构成。

三、我国财政资金绩效评价的推进和发展

自 20 世纪 90 年代后期以来，国家分步制定、实施了许多有关预算管理制度的改革政策，具体内容主要涉及部门预算、国库集中支付、政府预算外经费收支管理"两条线"等。这种变革政策尽管没有在各个政府部门内同时实施，但是却给各个政府部门的经费管理思想与体制变革选择带来了重要指导作用。党的十六届三中全会上明确提出要对部门预算绩效管理作出考核，应当说有着重大意义，也明确了部门预算管理制度变革的主要目标。但是应当意识到，实施部门绩效预算管理是一项极为复杂的长期工程，包括了财务基本原则、政府管理制度、部门财政管理体制等诸多要素。从财政在政府系统中的作用出发，如何分步构建绩效预算就必须先认识这一完整的计划体系和财政绩效评价系统间的联系，本书试图对此课题展开更为系统、深入的探讨。

与有着百余年历史的欧美绩效计划比较，中国的绩效计划变革开始较晚。中国的绩效计划变革发展是从财政支出绩效考核起步的。就这些年的改革经验来说，在费用管理体系变革方面，政府正在逐渐向着绩效预算的改革方面发展。而整个改革发展大体可分成四个阶段。

第一阶段（1998～2001 年），建立投资评价体制发展阶段。国家自 1998 年开始逐步形成完善的国家财政投资评价体制，而这种投资评价体制，是对

建设项目的事后评估到目前为止，我们已经形成相对完善的投资评价队伍，在实践中也建立了一定投资评估的方式，评估的模式也相对较为完善。正是有了这个完善的资本评价系统，对中国资本性支出的客观评价体系才开始建立。而这正是中国进行绩效预算变革的一个切入点，同时更是中国进行绩效预算变革的准备阶段。

第二阶段（2002～2004年），绩效考核的理念导入阶段。随着中国财政开支绩效考核的推广，绩效考核的理念刚刚开始被引进中国，而人类也刚刚开始从现实当中探讨推行全面业绩预算制度的可能性与可行性。结论是，虽然从实际上推行全面的业绩预算制度还不具备一定条件，但全面进行对政府财政开支业绩的评估却是可能的，并且要由专业的政府组织来承担。在这一背景下，中国的财政开支绩效考核范围扩大到一般的计划开支、政府专项费用等，这也是一项实质性的进展。同时中央也在有些费用项目上探索经验，并建立了一些费用评价的办法，包括教育、科技、交通、政府转移支付、社会保险资金管理等。在地方上，已开端关注费用的评价，并扩大到一般规划费用中的各项费用。相应地，不少地区设立了专业组织，例如广东、湖南、江苏、杭州等。这表明我国绩效评估又往前推进了一步，为企业绩效规划的深入改革提供了条件。

第三阶段（2005～2009年），向政府绩效预算的发展阶段。进入这一阶段的重要标志是2005年财政部发布《中央部门预算支出绩效考评办法》（以下简称《办法》）。这也意味着，我国政府绩效评价工作已经开始有了根本性的突破，主要体现在以下三个方面：一是已经开始需要对政府部门业绩作出评估，而实际是对政府部门业绩的客观评估。二是要开展综合性评估，在前两个阶段，企业绩效成本还只包括财务投资性开支，包括基本预算开支的其他投资项目，属于个人的评估。《方法》实施之后，就需要对整个部门成本开展综合性的评估了，这就意味着个人向企业绩效成本靠近了一步。三是需要明确特定的评估主体。在这一层面，中国在实施绩效预算层面上已经作出了大量的努力，归纳起来看，一方面是逐步地在实施；另一方面是以部门绩效考核为重点，逐步完善了支出部门绩效考核体系，并最终深入整个的绩效预算层面。

第四阶段（2010 年至今），绩效预算深入发展阶段。进入这一时期，标志着财政部门颁布的《有关推行预算执行绩效目标管理工作的指示若干意见》（2011 年）、《财务开支绩效指标管理工作暂行办法》（2011 年）、《预算执行绩效目标管理工作计划（2012～2015 年)》（2012 年）等代表着中国的绩效目标管理工作已经有了具体的政策和体制保障，有了更具体的规范引导，国家绩效评价指标体系和考核目标与方式也越来越合理、科学、合理。

中国绩效预算改革已经取得了一定的进步，但是总的来看步伐缓慢，面临着一些问题。

（1）对实施绩效预算改革问题的理解并不统一。目前，对于中国如何进行绩效预算改革的问题，存在着两个不同的观点，多数人支持实行绩效预算，但一致认为，根据中国当前政府预算体制所面临的问题与不足，实施绩效预算改革无论是对推动政府职能的转变、提升财政资金投放的效益、改进政府财政供给公共产品的质量，或是对优化政府财政资源配置、建设节约型社会经济等方面，都具有很大的积极意义。但也有许多人持相反看法，觉得中国目前全面开展绩效预算改革的时机并不成熟，经济环境也不理想，若草率行事只能是揠苗助长，事与愿违。认识的不统一，给国家绩效预算的推行造成了一定的影响。

（2）对业绩计划的含义认识不清。目前，就学者来说，对业绩计划的理解主要有十几种，但对业绩计划的研究与开展都有重要的作用。缺乏准确的原则就缺乏准确的策略，缺乏明晰的概念，也就缺乏具体的实施。尤其是如果对业绩计划与支付业绩、预算执行业绩三者的概念不清楚，常常用支付业绩或者预算执行业绩取代了业绩计划，很极易导致业绩计划在实际运行时走样。

（3）业绩管理的整体性强和机关配合度不好的问题。业绩是一种整体性强、触及面宽的管理，但它并非是单靠哪一家机关或哪一家机关之间的合力所能实现的，这就需要各机关之间能够有机配合。不过，由于处在经济转型时期，受国家计划体制的干扰，政府财政各部分间的配合与协作能力也不尽如人意。而且，在部门利益的驱使下，管理制度与政策措施的制定也都要以部门利益为目标与归宿点，不少政策措施与管理制度在实施中都存在着彼此冲突与抵触的情况，这也是政府推行绩效预算改革的重要障碍。

（4）绩效评价制度不健全。绩效评价是绩效预算理论的主要部分，而绩效考核的指标体系与方式则是实现绩效预算改革的重要技术基石。但目前在绩效考核中出现的问题，例如绩效管理方式流于形式、对计划资金运用的有效性缺少分类考评、对预算绩效改革缺少参考与借鉴系统等，都对绩效预算改革产生了一定的负面影响。

鉴于目前我国实施绩效目标管理工作还处在蓬勃发展的阶段，因而上述问题仍需要重视。随着我国经济绩效预算改革工作的蓬勃发展，今后可能会暴露出更多的问题，因而我们也应当有所准备。

第三章

专项资金绩效评价与成本预算绩效分析

第一节　专项资金绩效评价研究现状

专项资金绩效评价的理论研究经历了一个不断探索和发展的过程，从我国财政支出绩效评价研究的特征分析来看，大体可以分为计划经济时期、改革开放初期和建立社会主义市场经济体制新时期三个阶段。

一、计划经济时期

在中华人民共和国成立后，中国采用高度集中的计划体制。国民经济发展中片面追求大项目、高效率的倾向，造成国民经济的平衡关系时有失衡，积累率较高。例如，"三五"时期的积累率平均为26.3%，"四五"时期的积累率平均为33%。同这一制度相适应，我国中央财政部门一直坚持统收统支的管理制度，地方财务部门也一直实行重分配轻管理、重资金轻费用的模式。

关于这些提问，当时只有少数专家已在探讨经济效益问题和财务开支经济效益提问，因此，1957年1月6日《人民日报》上刊登了关于"充分考虑国民经济效率"的文章。但是，这一时期，我国企业发展的主流还是要求大项目、高质量，经济理论的主体是计划经济理论。这一时期的财政学主要教材无一例外地着重探究和论述财政概念、财政实质、政府财政职责、财政与国民经济之间的相互关系等内容，但没有一本专著涉及研究财政支出效益的问题。

二、改革开放初期

中共十一届三中全会后，伴随中国改革开放的不断深入，中国政府在总结新中国成立以来国民经济建设各方面经验教训的基础上，明确提出了社会主义国民经济一定要"连续、稳健、均衡"蓬勃发展，不要盲目崇尚高目标、高增长速度。这一时期，由于人民的思维进一步解放出来，一些西方先进的科学观点、管理观念传到国内，很多专家借鉴西方市场经济的观念，明确提出了建设要讲效益，要重视效益。1981 年，政府工作报告中首次采用了"效益"的观念。1982 年，中国共产党第十二届全国人民代表大会的文件中明确提出，要把增加效益当作国民经济翻两番的主要前提。由于中国党和政府长期重视企业效益问题，也因而引发了在中国范围内的企业效益管理科研高潮。从此，企业效益就成为中国效益管理中最普遍使用的技术指标。

进入 20 世纪 80 年代之后，中国财经学术界对财政效益问题重新展开了研究与讨论。在此阶段，早期财经理论界较多使用的"财政效果"一词，逐渐被"财政效益"所替代。部分的财政学教材中也将财政开支效率问题作为重点的教学内容加以研讨。同时，经济理论界还针对财政资金管理过程中出现的贪污、乱用、损失、浪费等问题，提出了对财政投入使用时要讲求效益与效率的思考。这一时期的成果主要有以下三个方面。

（一）提高了对财政效益概念的认识

尽管理论界对财政效益的概念有不同的看法，但是经过一段时间的争论，逐步趋于统一。一开始很多人提出，财政支出分配不要追求效果，只要讲求财务效果就可以了。主要原因是：经济效益基本上指经济收入，但因为财政支出分配是无偿的，以解决人民共同需求为主旨，所以财政支出分配的政策行为不是以盈利或获得更多的收入为目的。根据我国的财税支付实际，许多专家学者都主张财税支付必须着重从经济效率考虑，而经济社会绩效又包括了经济效率与社区绩效两个方面具体内容。但财政管理效率并不直接等同于经济社会绩效，而财政管理效率又是经济社会绩效、经济价值的有机组成。

（二）充分认识到提升国家财政支出效率的重要性

财政开支经济效益，是指政府财政开支与其所形成的社会实际经济效益之间的比率关系。如果财政开支经济效益较好，即表示财政开支所产生的经济结果较多，或表示为实现一定的经济结果所耗费的政府财政资金较少。许多学术界人员都指出，提高财政支出效率是当前财政管理工作的首要任务。一是财务开支效率同整个国民经济效益互相联系，两者相互影响。提高财政支出效益有助于提高整个国民经济效益，所以提高财政支出效益也是社会主义制度基本的内在要求。二是新中国成立以来财政工作和经济工作中的经验教训表明，财政支出效益不只是一个财政问题，它实质上是一个由各种因素引起的重大问题。三是提高财政支出效益有利于弥补财政不足或克服财政困难。这一时期，一方面由于财政十分困难，财政赤字连年增加；另一方面财政支出的浪费现象却十分严重，为了走出财政困境，除了发展生产、增加财政收入外，更重要的是提高财政支出效益，力争做到少花钱、多办事，花同样多的钱办更多的事。四是提高财政支出效益有利于加强财政管理。这不仅有利于建立合理的财政政策，提升公共财政经营水平，同时促进公共资源的配置，推动行政事业单位和企业加强内部经营管理。

（三）提出了财政支出绩效评价的初步思想

在改革开放初期有关财政支出绩效评价的研究中，主要形成了以下三种观点。

1. 财政支出绩效评价应遵循以下原则。一是适用性原则。由于财政分配项目不同，效果自然不同，有必要采取不同的方法对不同财政分配项目进行评价。二是针对性原则。因为人力、物力所限，政府不能够对所有的国家财政支出项目都加以评估。在相当时间里，应抓好国家重点项目、社会问题较多项目和政府财政支出效果不佳项目，有针对性地予以评价。三是真实性原则。财政支出效果评估不走过场，而应该实事求是、真实可信。四是及时性原则。每一个财政支出项目，其经济效益都是具有及时性的。

2. 侧重于用成本效益分析法评价财政支出的经济效益。对各项支出方案的社会经济效益进行比较，选择一个效益最优方案，只有那些效益大于成本的方案才供选择，否则便要被舍弃。这种方法不仅适用于物质生产部门，同样适用于教育、科学、文化、卫生等非物质生产部门，只不过不同部门进行成本效益分析时，采取的具体计算成本和效益的方法有所差异。

3. 必须建立一整套评价指标体系和评价方法。主要应设立两个层次的指标体系：一是用于物质生产领域的财政支出效益指标，其中，营利性财政投资支出效益评价指标可采用投资收益率、投资回收期等，非营利性财政支出效益可采用固定资产交付使用率、工程质量、一定时期内非营利性投资支出与政府所负担和完成的社会职能程度的比率，以及投资项目所带来的人民健康水平、财产安全等方面的改善程度等指标来衡量；二是用于非物质生产领域的财政支出效益指标，包括文教支出、科学支出、卫生支出、社保支出、行政管理支出和国防支出等指标。

三、建立社会主义市场经济体制新时期

进入 20 世纪 90 年代，随着国家财政管理工作机制改革的不断深入，国家财政收支稳定增长的体制也日趋完善与稳定。与之产生强烈对比的是，中国财政收支缺少行之有效的监督机制，"重收轻支"的制度问题依然存在，尤其是由于国家积极财政政策的推行，国家在财务管理中的大量经费被挤占、挪用以及流失、闲置、经济效益不佳的现象，均与国家财政开支机制不

完善有直接关联。因此，我国已按照构建现代公共财政框架的要求，及时提出了推进国家财政开支机制的变革，进一步调整和改善国家财政开支机制，以提升国家财政投入的有效运用效率这一实质性要求。理论界和实务工作者对财政资金效益评价问题进行了大量探讨，初步形成了财政支出绩效评价框架思路，并且形成了以下主要研究成果。

（一）初步论证了财政支出效益的有关理论问题

20 世纪 90 年代，由于公共财政概念与效率政策概念的形成，财政支出效率分析在公共财政基础理论研究中的重要性逐渐提高。此时，中国财政经济效益评价重点主要包括财政收入价值、财政收支效率、财政均衡效率以及公共财政体系经济效益等领域。另外，中国学术界也在积极吸收西方财政收支绩效评价研究成果，并认为中国的财政收支绩效评估体系应当坚持经济性、效率化和有效性原则。这一阶段的研究特点为：一是把重点放在支出效益上；二是既充分借鉴国外的先进经验，又注重体现中国特色；三是财政支出效益分析既有定性分析，也有定量分析。

（二）初步形成了专项资金绩效评价框架

总结各方面的研究成果，专项资金绩效评价框架大体由以下三个方面组成。

1. 评价对象。评价对象一般可包括以下三种：一是对项目绩效评估，也就是对政府财政投入项目进行评估，是指针对国民经济发展现状、区域发展政策、行业发展方向、国家有关的各项法规体系、对政府投入项目决策过程的科学合理程度，以及在项目执行过程中的正误程度等作出严格评估；二是单位绩效评估，即对公共部门（主要是财政拨款开支的事业单位）的经营业绩进行评估；三是部门企业绩效评估，主要是对部门企业年初制定的规划目标、实施状况，以及已实现的经营绩效进行评估。

2. 财政支出绩效评价目标。评价指标体系既是财政开支绩效评估的重要内容，也是财政开支绩效评估内涵的外在体现。但通过探索与调研，目前较为统一的认识是财政支出绩效评价指标体系一般由财务投资性支出评价指标体系、财政政府运行支出评价指标、财政政府购买性支出、财政社会保险支出评价指标、财政科学事业开支、财政高等教育业务开支、财政交通事业开支评估指标、财政支农支出等构成，对每一类指标又可以细分为基本指标、专用指标和评议指标三部分。

3. 国家财政支出绩效评价方法等。评价准则由计划标准、历史准则、客观准则和经济统计准则构成，是对评价对象进行分析评价的尺度，并由此构成标准体系。

（三）初步探索了专项资金绩效评价的方法

评估方式是保证评估结论科学、客观、公允的关键。理论界对此进行了探索和研究，并初步形成了以下可供应用的方法。

1. 成本效益分析法。这种方式主要是根据政府所制定的经济建设目标，并提供实现目标的方法，通过比较不同方法的结果全部预测利润与生产成本的现值，以评价专项资金的综合效益。

2. 最低成本法。对没有采用成本效率分析法的财务支出工程项目，可运用最低成本法加以评估。该方法没有其他货币单元来计算备选的经济支出建设项目的整个社会经济效益，只核算各种较好方案的所有形成本，而以成本费用最低点作为择优的准则。该方法一般应用于军队、经济政治制度、文化教育、卫生等专项资金项目的效益评价。

3. 因素分析法。着重考虑了公共工程项目支出的直接费用和成本费用，并需要将所有费用因素、所有可能的直接利益和间接收益罗列，然后进行综合分类。

4. 公众评价法。对某项公共支出实施效益评价时，采取统计的办法对公众意见进行调查，以评价其效率高低，这就是公众评价法。

5. 使用价值判断方法。它是一个研究公共开支资金的使用方法，从而推论出公共行政机构开支资金的效益的模型。

（四）初步设计了专项资金绩效评价的程序

专项资金绩效考核的一般程序，是指从确立评估对象到进行整个评估工作的一般流程中的有关规定，具体包括以下六个方面。

（1）制订工作计划，确立评价对象；

（2）组建工作专班，聘请咨询专家；

（3）制定评估办法，下发评估文件；

（4）督促部门自评，收集数据资料；

（5）具体实施评价，形成评价报告；

（6）反映评估成果，提供工作总结。

第二节　专项资金绩效评价工作实践

专项资金绩效评价工作，是随着国家财政支出绩效研究的推进而开展的。从不同时期评价工作的侧重点来看，可分为财政收支平衡考核、财政投资项目后评价、行政事业单位财务分析评价等形式。

一、财政收支平衡考核

在计划经济时代，人们对财政支出的实际效益情况关心较少，而主要关注的则是国家财政收支是否均衡。

（一）以收支是否平衡考核财政工作

计划经济时期，国家财政十分困难。在此情况下，人们关注的重点是如何实现财政状况的好转及财政收支的平衡，而非如何实现财政支出效益的最大化。

（二）对基本建设投资的效益进行了初步考核探索

新中国成立初期的经济社会建设侧重于高速度、高指标。在经济调整时期，人们在总结以往经济建设的教训时，提出了经济建设必须讲效益的观点，并初步提出以固定资产投资完工率、交付使用率等指标来考核国家基本建设投资的效益。

二、财政投资项目后评价

改革开放以后，随着国外先进管理经验的传入，我国开始借鉴世界银行的做法，着手开展国家重点投资项目后评价工作。

（一）投资项目后评价的主要目的

投资项目后评价的主要目的在于，通过全面总结投资建设项目的决策、执行过程和运作状况，研究对投资的科技、文化、社会和环境效益方面的积极作用，并对决策和管理过程提出经验教训，从而修改和优化项目建成计划，进一步增强政府投资能力。

（二）评价的程序

投资项目后评价的一般程序如下。（1）项目自评。由项目业主会同执行机构，根据国家有关规定编制对建设项目的自评报告，报有关主管部门。（2）行业或地区的评审。由行业或省级以上主管部门对项目后自评估报告进行初步评审，并给出具体建议。（3）项目后评估报告。由相应独立的项目后评估组织组织专家对项目后开展评估，并编制项目后评估报告。（4）项目后结果反馈。就项目后评估报告深入征询各界意见建议，根据意见进行修改完善，然后予以发布。

（三）评价项目的分类

按项目的经济效益评估方式和主要资金来源，可将经济评价项目分成如下三种。（1）生产型建设项目。这一类建设项目产出直接的物质生产，但既投入产出更要增加产出，其产出既是国家税收和地方财政收入的主要源泉，也是社会资金直接积累的主要源泉。（2）生产基础设施类项目。这类项目通常不是直接的社会产品产出项目，它的主要作用是为社会产品类业务发展创造必要的服务环境和条件。（3）社会基础设施类和社会人力资源发展类项目。这类项目通常和社会生产业务并无直接的业务关联，它主要是为社会的公共积累支出，是社会税收的主要消费行业。

（四）项目后评价的基本内容

1. 项目目标评估。这一评估主要是对项目立项原定目标的完成程度作出评估。首先，要对影响原目标实现的主要指标、建设项目实际的状况变化与变动、项目实际出现变化的主要因素等进行检查和分析，以便确定原总体目标的完成程度。其次，要对项目原目标的正确性、合理性和可行性作出重新评估。如果项目的原目标不能确定或不尽符合实际，或者建设项目在执行过程中可能出现重大变动，涉及政府政策或市场因素引起的重大变动等，就必须对项目原有目标作出重新分解与评估。

2. 项目执行过程评估。这一评估主要是通过对立项报告或可行性研究报告中所预计的情况与项目实际执行过程进行对比和分析，从而寻找差距和因素。过程评估一般包括以下内容：项目立项与评审，建设项目内涵与工程规模，工程的进度与实际执行状况，相关设备与服务要求，受益者范围与反应，建设项目的管理模式与制度，财务实施状况等，并对上述方面作出综合分析。

3. 项目效益评估。这一评估的主要内容涉及了项目的内部收益、净现值以及贷款偿还期等收益能力，以及还款能力的主要指标。

4. 项目环境影响评估。这一评估主要涉及以下内容。一是经济环境影响评估。评估建设项目对所属区域与产业以及国家所形成的经济环境影响。二是环境评估。这主要涉及建设项目对区域环境质量、资源开发利用和环境保护、对区域生态平衡所产生的负面影响，以及环境污染防控机制和环保监督管理制度等方面。三是社会环境影响评估。这是对建设项目在社会经济发展方面所产生的有形无形的环境效益和后果的综合分析，重点在于评估建设项目对所属区域经济和社会关系的影响。

5. 项目持续性评估。评估了项目的既定目标是否能够连续实现，项目能否可持续进展，以及项目执行者能否可连续地完成既定目标，以及项目能否具备可重复性。项目管理的持续性影响因素主要包括：地方政府原因，管理、部门和地区的组织原因，财务和科技原因，社区文化原因，以及环保和生态原因等。

三、行政事业单位财务分析评价

自 1990 年起，财政部门从严格执行业务单位的理财工作规定入手，继续加强了业务单位的理财工作。

（一）制定了文教行政部门财务与经费使用绩效考核方法

为促进全国文教行政财务管理和教育经费使用效益考评工作的深入开展，进一步完善全国文教行政财务管理，提升教育资金使用效率，财政部专门建立了全国文教行政财务管理制度和教育经费使用效益考核办法，其主要内容如下。

1. 制定了财政部对省（自治区、直辖市、计划单列市）的文教行政部门财务和经费使用绩效考评目标，共 29 个。它们按属性又可分为政策性目标、结构性目标、收入管理目标、定量目标、周转金目标以及辅助目标。

2. 规范的绩效分析报告要求：一是对文教的财务与资金运用绩效作出整体分析，评价效果，揭示问题；二是根据评估中出现的问题，指出需采取的解决和改善办法；三是省级财务主管单位和省以下财政的绩效评估项目实施情况。

3. 规定采用百分制量化计分办法，根据不同时期文教行政财务工作重点，对各项考核内容和指标确定分值。

（二）制定了行政单位财务分析指标

行政单位财务分析指标依据《行政单位财务规则》而制定，主要内容如下。

（1）费用增长速度：反映行政机关费用的程度。

（2）平均费用：反映行政单位平均年度消耗费用的水平。

（3）单项费用占总收入比例：反映行政单位费用构成。

（4）人员费用占总收入比例：反映行政单位费用构成。

（5）人车比：反映行政单位小汽车占用状况。

（三）规定了事业单位财务分析的内容和指标

根据《事业单位财务规则》，事业单位财务管理分析的内容主要涉及计划实施、资产运用、支出情况等。事业单位财务管理分析的指标，主要涉及费用自给率、人事费用占事业开销的比重、公共开支占事业开销的比重、资产负债率等。

第三节　专项资金绩效评价需解决的问题

专项资金绩效评价的发展要先加速财政支出绩效立法进程，创新监督模式。目前，我国财政支出绩效管理的系统性、规范性和长效性不足，特别是缺乏国家顶层设计，制度化水平较低，尚未形成权威的上位基本法及范式体系，从而造成实践中问责停留在执行环节，缺乏必要的决策、信息公开和监督机制的现象。在这方面，未来可以尝试通过中央文件的形式规范各级财政部门的绩效评价管理工作，待条件成熟时可将绩效评价的工作及结果以法律的形式进行固化。在政府监管层次，提议采取利用全国人大、财政、计划专业人员、财务审计监察等社会监督力度，在必要时可采取质询、免官、撤职等刚性管理手段，积极地促使政府财政支出的决定模型逐步向理性和民主过渡。

　　此外，应推动政府决策方式转变，优化预算编制方式。要实现我国经济和社会发展目标，构建财政资源配置和战略目标的联系非常关键。未来，政府要抛弃常规的基数加增量的预算编制方式，始终贯彻"目标求效益，方法看结果"的绩效观念，进一步完善管理预算信贷业务的法律程序，从政府预算编制的全局考虑，在明确职责的基础上，合理精简行政部门的权力，作为政府财政开支的业绩标准，以打破部门的个人利益，促进公共部门的合力。另外，根据我国中期财务计划编制，把长期的战略规划逐步编入财政多层次的中期支付结构的绩效计划体系，进行财政、单位、企业经费的跨期整合，并通过结果导向的评估管理实践来不断强化预算的约束力。

　　专项资金绩效评价要加速发展，还应建立财政支出政策绩效评价技术支撑体系，协同推进配套改革。政府会计是预算与绩效管理中不可或缺的关键工具，权利产生制能在比例理论基础上确认所有商品与业务的实际或全部成本费用，为科学确认和计量政府资产负债、准确测算政府未来运行成本、编制中期财政规划提供客观真实的绩效信息。此外，还应结合我国实际，加快合并政府财务报表的范围与方法、政府财务报告信息质量、使用分析渠道等制度建设，完善电子信息数据系统等技术支撑，避免信息碎片化和"信息孤岛"，提高财政支出政策绩效量化分析水平，并注重预算改革与公共管理行政事业单位改革的配套协调，审计制度、干部绩效考评等横向制度的延伸配套与衔接，保证整体改革的协同推进。

　　经过近些年各地开展财务预算绩效考核工作，全国基本形成了专项资金绩效考核的框架、评价指标体系、考核方式流程，基本建立了相关工作机制，为今后全方位开展专项资金绩效考核工作打下了基础。

一、专项资金绩效评价问题已引起社会各界的广泛关注

　　随着社会主义市场经济体制下公共财政制度架构的初步形成，中国的国家财政收入大幅度上升，与此同时，财政赤字也在扩大。在此情况下，财政预算支出效益问题开始受到人们的普遍关注，理论界也进一步加强了财政预

算支出效益评价理论的研究。为此，完善财政开支管理制度、持续提升我国财政资金使用效率，成为当前财政管理工作的主要工作目标。

二、已构建起较为合理的评价工作机构体系

评估工作机构系统是组织并开展评估工作的体系，分为评估机构、评定工作组织机构和评定执行机构。在全国各地的绩效考核管理工作中，地方财政部门为绩效考核的主要组织机构和管理人员，而绩效考核实施组织则由考评工作组、专家咨询组和中介机构等组成。

三、摸索出一套较为合理的工作流程

从组织流程来看，评价工作主要沿着图 3 - 1 所示的程序展开；从实施流程来看，评价工作主要沿着图 3 - 2 所示的程序展开。

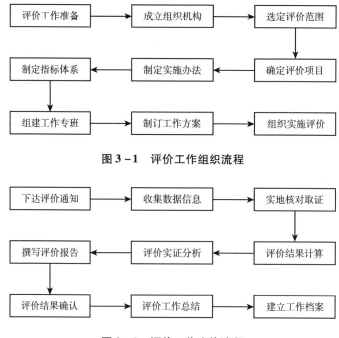

图 3 - 1　评价工作组织流程

图 3 - 2　评价工作实施流程

四、完善了专项资金绩效评价指标体系

为使专项资金绩效评价指标体系尽可能反映被评价项目运行的实际，确保评价结果的真实、可靠，制定评价指标体系时主要采用以下方法。

（一）近期效益评价和长期效益评价结合的办法

财务专项支出效果是多方面的，有些国家项目投资体量虽然较大，但因为资金数额投入过大、操作周期较长，经济性的体现还存在着较大的局限性，另外，某些投资项目直接效果虽不突出，但外溢价值即经济和环境效果却相当突出。因此，财务投放支出效果应既包括微观效果也包括宏观整体方面经济性；既有近期经济性又有中长期经济性；既有直接的经济性又有间接的经济社会发展效果。企业绩效评价指标体系的建立，要将企业的近期经济性和长期成本、长期社会效益和经济性有机结合，使评价指标体系符合项目全面评价的基本要求。

（二）定性分析与定量分析相结合的方法

定性分析是由评价者根据财政资金的支出状况，依据有关政策、原则及规定，从实质或根本属性上对被评价对象作出评价。定量分析是按一系列的数量指标、统一的计量口径、尺度和衡量标准，计算财政资金支出效益状况。这两个分析有机结合，就可以比较全面、客观、正确地对国家财政资金的实际运用状况作出科学评估，因而是最常用、最有效的绩效评价方法之一。

（三）统一性指标与专门性指标相结合的方法

统一性指标和专门性指标，指的是对指标体系的统一和专门化。统一性指标是对各种财政开支资金及其运用状况采取了共同的评价标准，用以表明资金的到位情况与配套状况、对建设项目的投入效果与执行成效。而专门性指标则是指针对不同的建设项目、专项资金及其运用效益，作出了专门评估

的指标体系。这两个指标体系相结合的好处在于：一是可以对各级财政部门以及财政资金运用单位对资金运用、项目投资效果以及执行效益等方面的状况作出评估分析；二是可以对各种性质、类别的各项投资执行状况以及效果作出更加全面客观的评估；三是可以对财政投入的运用过程加以追踪监测。

目前，已初步建立了国家财政运转、政府采购、基建、社会保险、科学技术、文教、卫生等事业开支以及中央财政支农、地方财政支出等多算财政开支绩效考核的指标体系框架。

五、初步建立了财政支出绩效评价的有关制度

评估规章制度是评价活动中所遵循的客观原则，是进行评估工作的基本方法与基础，它主要由"财政部门开支绩效具体实施方法""财政部门开支绩效操作细则""财政部门开支绩效指标解释""财政部门开支绩效基本标准值""财政部门开支绩效参考规范""财政部门开支绩效计分方法"等制度、措施所构成。目前，中国各地的评估指标和评估内容等还没有健全和完善，但不少地区都在积极探索，并先后研究提出了方案、工作方法和指标等，并通过把制度、方法等在具体的项目中推行和运用，得到了被评估项目执行状况的综合评估结果。

第四节　成本预算绩效分析概述

一、成本预算绩效分析的概念

成本有效性是企业根据项目方案中确定的期望值即成本指标进行项目实施测算后确定的项目成本的有效性。

成本预算绩效分析是指运用科学合理可行的成本核算方法，按照绩效目标、投入成本、产出质量与收益匹配对应的原则，设置成本、质量和收益等

方面的绩效目标和监督考核指标，对投入成本进行科学测算、全面分析，得出结论的过程。

二、成本预算绩效分析的意义

党的十九大对加速建设现代财经体制作出了重大的战略部署，明确提出"构建全方位严格公正、规范科学合理、制约得力的预算管理体制，全方位推进绩效管理工作"。十三届人大三次会议通过的预算报告提出"研究开展成本收益分析，为优化预算编制提供依据"。

生产成本费用支出财务管理工作计划业绩分析是政府执行成本费用业绩工作中的重要部分，是指各个政府、各部门、各单元把会计核算理念和方式贯穿生产成本费用支出工作的各工作环节，在成本定额标准、财务开支标准和社会公务标准相对统一的基础上进行平衡资金预算监管，并设定了生产成本费用支出、质量和利润等方面的业绩目标和监督考核指标，以达到按照规划进行核降低成本、企业资金使用监管有标准、综合考核讲业绩的财务管理费用成本模式。在核算中求业绩，在业绩管理中谋发展，进而缓解支出问题，并改革经济发展方式。

成本预算绩效分析将成为深化预算绩效管理改革的重大举措和"循证决策"的重要支撑，通过科学的成本预算绩效分析，达到预算绩效管理的规范化、制度化、标准化。

三、成本预算绩效分析应当遵循的基本原则

1. 客观公平原则。以国家有关法律、法规、条例和财政部、地方人民政府的相关规定等为基础，并遵循"开放、平等、公正"的原则进行。做到了主动地向同级人民代表大会汇报、按时向社区报告，并无条件受到人民和群众的监督。

2. 科学规范原则。采用了标准化的程序，通过定性和定量相结合的方法分析，科学、合理地实施，以达到方法标准科学、程序标准、方式合理、结

论可信。

3. 依据充分原则。收集足够的相关文件及资料，并通过资料收集、调查论证、咨询座谈等方式为分析结论提供充分的依据支持。

4. 绩效相关原则。成本预算绩效分析应当针对具体成本收益和指标体系进行，评价结果应当清晰反映成本和收益之间的紧密对应关系。

第五节　成本预算绩效分析准备

一、接受业务委托

成本预算绩效分析业务是各级财政部门或主管业务部门委托有资质和有能力的会计师事务所来完成的，接受委托的事务所在接到业务委托后，按以下流程完成接受委托初期工作。

（一）确定成本预算绩效分析对象

根据财政局或预算部门的委托协议确定成本预算绩效分析对象。

（二）与相关财政部门、预算部门沟通

沟通成本预算绩效分析工作目标、任务、时间安排和工作要求等。

（三）提出综合发展措施和项目规划

二、总体工作方案

成本预算绩效分析总体工作方案包括以下内容。

（一）成本预算绩效分析工作目的

为深入贯彻落实《中共中央　国务院办公厅有关全方位深入推进预算绩

效管理工作的意见》精神，根据《财政厅有关发布〈建设项目支出绩效评价管理办法〉的文件》的要求，以及××区拟出台的××财务管理办法和××方法等有关法规措施，利用科学合理的建设项目成本和绩效评价指标体系、数据和方法，综合评价落实单位建设项目费用的合理性、规范性、安全性、经济性和有效性，以实现合理提升地方政府财政使用效率和效果，促进实施单位建立和健全专项资金处理制度，提升实施单位××管理项目管理水平，为××区财政局合理有效使用专项资金提供决策依据作出我们的努力。

（二）成本预算绩效工作范围

主要包括项目涵盖范围和项目时间范围两个部分。

（三）项目受托方情况简介

××审核师事务所有限公司（以下简称××事务所）系经财政局审批设立的审核师事务所，该公司属性为有限责任公司，注册资本为××万元。一般经营：审计企业会计报表，提供审核财务报表；检验企业财产，提供验资汇总；受理企业并购、分立、清理等事项中的审核服务，并提供相关的审核财务报表；基本建设年度财务决算审核；代理记账；审计咨询服务、税收咨询、管理咨询服务、会计师技术培训；以及法律法规规定不限制的其他服务等。

××事务所长期致力于为政府部门以及行政事业单位提供专业的鉴证、咨询服务，连续多年为政府部门及行政事业单位提供专业的绩效评价服务。例如××单位发展资金绩效评价项目连续几年全国评比名列前茅，××项目绩效评价报告单位领导极为满意。

××事务所为了更好地为行政事业单位提供优质的服务，聘请了多位在市属大型企业和行政事业中位有过较高任职经历的专业人士担任咨询专家；同时聘请了一批具有深厚专业知识与丰富管理经验的行业专家在本所担任专业委员会成员，例如××大学××学院院长、博士生导师以及若干大中型企业的高级管理人员，可以为客户提供各类财务咨询及绩效评价、绩效评估、预算审核、内部控制制度建设、管理制度升级等服务。

（四）项目组人员安排

该项目预计配备七人参加，包括事务所资深合作伙伴、国家备案审计师、资深审计师、注册税务师等。为保证项目绩效评价质量，该项目实施过程将严格执行××事务所质量控制制度作为保障措施。针对××区××管理项目的特点，及时对项目组人员开展必要的专业培训，以期更好地完成委托要求，提高业务胜任能力，高质量地完成财政局的委托，提交满意的绩效评价报告。××事务所承诺：根据财政局的要求和项目的实际需要，可随时增加项目组人员，按期、保质完成项目绩效评价工作。

（五）工作任务及主要工作进程安排

工作任务及主要工作进程安排如表 3-1 所示。

表 3-1　　　　　　　工作任务及主要工作进程安排

序号	工作任务	工作内容	时间安排
1	确立绩效预算工作方案	成立××管理绩效成本项目预算工作小组	20××年××月××日
		拟定工作方案并讨论通过	20××年××月××日
		召开内部绩效工作小组布置会	20××年××月××日
2	项目动员	参加财政局召开的项目启动会	20××年××月××日
		获取客户名单及联系方式，预约进场时间，发放需提供资料清单	20××年××月××日 启动会后即时执行
3	集中现场调研	入户主管部门调研，全面调研规范性文件等，充分听取项目意见，做真实性核实，形成调研底稿	20××年××月××日—××日
		入户基层调研，结合从预算部门了解的情况，全面调研试点单位与本项目相关的涉及"全成本"支出的各类事项，做真实性、完整性核实，形成调研底稿	20××年××月××日—××月××日
4		整理调研资料，形成初步意见，视情况向城管委和试点单位发放补充资料清单，完善调研程序	20××年××月××日—××月××日

续表

序号	工作任务	工作内容	时间安排
5	报告撰写	根据调研底稿，形成书面报告	20××年××月××日—××月××日
6	专家评议	事务所召集专家委员会开展评议，出具评议意见	20××年××月××日
7	交换意见	与财政局、主管部门、基层单位分别交换意见并修改完善报告内容	20××年××月××日—××月××日
8	出具正式报告	履行事务所内部审核程序，签发正式报告	20××年××月××日
9	资料归档	项目组整理项目绩效评价资料，移交事务所进行归档	20××年××月××日—××月××日

工作任务工作内容时间安排如下。

1. 确立绩效预算工作方案成立××管理绩效成本项目预算工作小组。（20××年××月××日）

拟订工作方案并讨论通过。（20××年××月××日）

召开内部绩效工作小组布置会。（20××年××月××日）

2. 项目动员参加财政局召开的项目启动会。（20××年××月××日）

获取客户名单及联系方式，预约进场时间，发放需提供资料清单。（20××年××月××日启动会后即时执行）

3. 集中现场调研入户主管部门调研，全面调研规范性文件等，充分听取项目意见，做真实性核实，形成调研底稿。（20××年××月××日—××日）

入户基层调研，结合从预算部门了解的情况，全面调研试点单位与本项目相关的涉及"全成本"支出的各类事项，做真实性、完整性核实，形成调研底稿。（20××年××月××日—××月××日）

4. 整理调研资料，形成初步意见，视情况向城管委和试点单位发放补充资料清单，完善调研程序。（20××年××月××日—××月××日）

5. 报告撰写根据调研底稿，形成书面报告。（20××年××月××日—××月××日）

6. 专家评议事务所召集专家委员会开展评议，出具评议意见。（20××年××月××日）

7. 交换意见与财政局、主管部门、基层单位分别交换意见并修改完善报告内容。（20××年××月××日—××月××日）

8. 出具正式报告履行事务所内部审核程序，签发正式报告。（20××年××月××日）

9. 资料归档项目组整理项目绩效评价资料，移交事务所进行归档。（20××年××月××日—××月××日）

（六）保密措施

1. 根据财政局的规定，××事务所承诺将遵守我国的有关法律法规、《中国注册会计师行为基础标准》、由委派方所制定的法规，并按照由委派方所提供的"咨询商对咨询程序中知悉的有关资料承担绝密职责，除法律另有规定者外，未经管理部门同意，不得将管理部门提供的资料透露给管理机关及主管以外的第三方，严格保守管理部门机密"。

2. 对项目组全体人员事前开展保密教育，提高保密自觉性，对服务期间取得的各类资料妥善保管，合理使用，不允许任何项目资料流出项目组之外。如因××事务所原因导致保密信息泄露纠纷，××事务所将依法承担相应后果。

3. 按照该方案规定，××事务所保证在合同有效期内，不得向第三方转移因中标某项工程而取得的地方政府购买定点服务项目资质，不使任何与本次招标活动无关的第三方知悉任何与本次招标活动后续相关的业务信息和客户资料。

4. 根据该方案，××事务所承诺所有参加定点服务项目组成员严格遵守工作纪律和职业道德，坚决拒绝各种不正之风等违法、违纪、违规问题。

5. ××事务所已经与项目组员工分别签署了保密协议书，并持续关注保密事宜，杜绝可能在未来发生泄密问题。

6. 严格按照具体签订的委托协议的服务内容制订实施方案，保证服务工作如期完成。在服务过程中终止受聘或服务项目完成后，在规定的时间前将委托方所需的重要资料及时报送，并根据委托方需要，将实施服务过程中收集和形成的重要资料（包括纸质、电子介质）及时移交。

（七）廉洁自律

1. 项目组成员、××事务所注册会计师、××事务所管理人员，都无权收到公司内任何形式的赠送礼品或给予特殊的款待，以免对职业道德的基本准则造成不良影响。

2. 除非法律法规允许或要求，不得提供财政局委托业务之外的其他服务。

3. 为保证执业独立性，如果存在项目集团管理主要成员或××事务所的高层管理者在客户中有一定经济权益，或与客户各类员工之间存在家庭和私人关系以及商业关联时，应判断有无对客观与公允的准则形成不良影响。在进行专业服务时，对客观和公平原则的不良影响确实产生的，××事务所主动退出承接该业务，并向委托方主动告知。

4. 在进行审计和审阅服务或者其余鉴证服务时，为满足保证独特性的需要，注册审计师应当各自遵循《中华人民共和国注册审计师职业道德准则第4号——审计和审阅服务对独特性的需要》和《我国注册审计师基本职业道德准则第5号——其余鉴证服务对独特性的需要》。

第四章

专项资金绩效评价体系构建研究

第一节　专项资金绩效评价目标申报

专项资金业绩指标管理工作的具体内容是：业绩指标申请、审批、落实、整改、成果运用等。

专项资金绩效评价目标申报主体为编制部门预算并申请项目支出的部门单位。

一、专项资金绩效评价目标申报的主要内容

（一）项目基本情况

申报单位和主管部门，项目的名称、类型以及申请依据、可行性和必要性等。

（二）项目投资情况

资金来源表和政府开支明细预算等。

（三）专项资金绩效评价工作等

计划的时间规划，远景目标以及关键业绩目标，确保专项资金绩效考核目标达成的具体措施等。

（四）专项资金绩效考核目标

专项资金绩效考核目标，是指项目规划在一定期限内所达到的产出与效益，由计划机关在申请计划时填报。当计划机关在年初申请计划时，就必须根据本办法所规定的条件将专项资金绩效考核目标编入年度预算；实施中申请调整计划的，必须随调整计划一起提交专项资金绩效考核目标。专项资金绩效考核目标包含下列主要内容。

1. 预期产出，包括政府提供的公共商品与公共服务产品的生产总量；

2. 预期经济效益，包含经济性效益、社区经济效益、环保经济效益和可持续性影响等；

3. 服务内容以及项目的受益人满意度；

4. 达到预期产量所需的低成本资源；

5. 反映期望产出、期待效益以及客户的满意的绩效指标；

6. 其他。

二、确定专项资金绩效评价目标的要求

（一）指向明确

专项资金绩效考核目标，要合乎国家国民经济与社会发展计划、政府机关职能和各项事业发展计划，并与相应的国家财政支出范围、方向、效益等密切有关。

（二）具体细化

专项资金绩效考核指标必须从总量、效率、成本和时间的角度加以细

分，尽可能进行定性描述，无法以定量方式表述的，才能通过确定的等级分档方式表述。

（三）以前年度绩效评价情况，即以前年度部门单位绩效评价等级

（四）主管部门意见，即主管部门审核意见

第二节　专项资金绩效评价目标评审

财政部门对主管部门报送的项目支出专项资金绩效评价目标申报材料进行审核，主要包括以下内容。

1. 形式审核：专项资金绩效评价目标申报材料是否齐全，专项资金绩效评价目标申报表填列内容是否完整。

2. 内容审核：专项资金绩效评价目标申报内容是否符合有关政策规定和制度要求。主要审核以下四点。

（1）合规性：专项资金绩效评价目标是否符合国家法律法规和其他相关制度规定。

（2）功能相关性：中小企业发展专项资金绩效考核目标要适应部门单位职能，反映了本部门及其所属单位、本行业的发展计划、专项执行内容，以及与相关的国家财政支出范围、方向和效益等的密切关联。

（3）可行性研究：专项资金绩效评价目标要进行全面论证与计算，必须遵循客观实际，切实可行。

（4）目标全面性：政府专项资金绩效考核目标内容要全面、具体，包括所有在总量、品质、成本和效益等方面的目标任务；要根据项目管理特性选择相应的业绩指标，客观反映项目管理业绩水准与目标达成程度。

以上审核工作，财政部门可以聘请专家或委托第三方评价机构进行。

第三节　专项资金绩效评价目标跟踪

一、目标跟踪概述

目标跟踪是预算绩效管理的重点之一，是指根据确定的项目绩效目标，通过动态或定期采集项目管理信息和项目绩效运行信息，对项目管理的各相关内容和目标要求的完成情况进行跟踪，并在归纳分析的基础上，及时、系统地反映预算执行过程中项目绩效目标的运行情况和实现程度，纠正绩效运行偏差，确保绩效目标如期保质保量实现的管理活动。

2011 年 7 月，财政部发布了《关于推进预算绩效管理的指导意见》，提出要"逐步建立'预算编制有目标、预算执行有监控、预算完成有评价、评价结果有反馈、反馈结果有应用'的预算绩效管理机制"。2016 年 7 月，财政部办公厅发布了《关于开展 2016 年度中央部门项目支出绩效目标执行监控试点工作的通知》，通知中提道"绩效目标执行监控是全过程预算绩效管理的关键环节，也是确保中央部门实现绩效目标、落实绩效主体责任的重要手段"，并对绩效目标执行监控的主要内容提出了要求。2018 年 9 月，中共中央、国务院发布的《关于全面实施预算绩效管理的意见》提出，"各级政府和各部门各单位对绩效目标实现程度和预算执行进度实行'双监控'，发现问题要及时纠正，确保绩效目标如期保质保量实现。各级财政部门建立重大政策、项目目标跟踪机制，对存在问题严重的政策、项目要暂缓或停止预算拨款，督促及时整改落实。"随着预算绩效管理要求的不断提高，目标跟踪内容从项目支出绩效监控扩展到政策绩效运行监控。

二、目标跟踪对象

项目支出目标跟踪主要针对预算部门（单位）在预算年度内实施的财政

支出项目，在年初时将项目相应的年度计划及目标连同预算一起上报主管部门及财政部门，年中时主管部门或财政部门对该类项目进行绩效运行监控，主要通过对项目的产出效果，以及为实现绩效目标所需要的保障制度、措施和工作计划等进行监控，及时、系统地反映预算执行过程中项目绩效目标的运行情况和实现程度，纠正绩效运行偏差，确保项目正常开展，完成全年既定绩效目标。

三、目标跟踪目的和意义

目标跟踪的目的是便于财政部门和预算部门（单位）动态了解项目预算执行及实施情况，促使实施方案落地。绩效运行监控过程主要包括：通过梳理各阶段的实施内容，明确各阶段的目标；通过比较目标实现情况，找出未达成目标的"元凶"，发现管理漏洞；通过分析目标完成情况，对项目完成的可能性进行科学判断；通过及时纠偏整改，推动项目实施回到预期的轨道，确保绩效目标的实现。由此可见，目标跟踪是促进绩效目标实现的重要举措，越来越受到财政部门和预算部门（单位）的重视，成为预算绩效管理中的必要环节。目标跟踪的目的和意义主要体现在以下四个方面。

（一）目标跟踪是提高绩效目标合理性、保障绩效目标实现的重要措施

目标跟踪与绩效目标关系密切，一方面，目标跟踪以绩效目标为依据，紧紧围绕绩效目标开展；另一方面，规范的目标跟踪可提高绩效目标与项目实际的契合度。在绩效运行监控实施过程中，若发现项目执行与目标存在偏差，可分析偏差情况和原因，采取纠偏措施，保障绩效目标实现，并及时消除已产生偏差造成的负面效应，防止和预防类似问题的再次发生。

（二）目标跟踪是促进财政和预算部门（单位）绩效责任落实的重要措施

财政部门是资金监管方，但在工作开展过程中存在一定的"重分配轻管

理"的情况；预算部门（单位）是资金使用方，在实际工作中存在一定的"重支出轻绩效"的情况。尽管两者在预算绩效管理中扮演的角色不同，但在预算绩效管理中均承担着相应责任。通过目标跟踪，可以克服"问题不被发现，或者发现相对滞后导致整改问题难度增加"等弊端，有助于财政部门合理管理资金，提高部门（单位）管理及决策的能力，对打造"高效政府"有着重要的现实意义。

（三）目标跟踪是规范资金使用、保障预算执行进度的重要举措

首先，目标跟踪的核心体现为，监督资金拨付和使用情况，对加强预算执行、明确预算支出责任都具有促进作用，符合预算执行管理要求；其次，绩效运行监控强调在项目实施过程中进行动态跟踪，以随时了解项目实施情况、绩效目标的实现情况和纠偏措施的执行情况，强调"动态监控"。以上两个方面均呼应了加强预算执行动态监控、对资金使用的安全性和合规性进行监控的要求，能够对提升资金使用效率起到促进作用。

（四）目标跟踪是加强国库资金管理、辅助政府决策的重要举措

在现今全面推进财政国库集中支付制度改革的情况下，加强财政国库管理，建立预警高效、反馈迅速、纠偏及时、控制有力的预算执行动态监控体系是国库管理的重要内容。与单纯对资金监控相比，目标跟踪这个项目信息，对于资金的监控管理及相关决策能形成有效的支撑，对财政国库支付各环节的支付信息进行判断、分析、处理，可及时纠正违规支付行为，强化预算支出执行监管，防范资金使用风险。

四、目标跟踪组织形式

（一）自行实施

绩效管理主体可根据本地预算绩效管理的相关要求和规定，自行实施目

标跟踪工作。预算部门（单位）是预算资金使用的主体，自行实施也应当是目标跟踪管理的主要形式。

（二）委托第三方实施

针对重点项目和重大政策，绩效管理主体组织开展绩效运行监控可以根据需要聘用和委托中介机构等第三方实施。

通过政府采购方式选择第三方实施目标跟踪的，要根据国家相关规定与第三方签订服务合同，明确双方的权利和义务，严格按照合同规定和要求执行。必要时，可根据项目特征在合同中明确特殊条款，确保委托工作效率。

五、目标跟踪核心内容

在项目支出目标跟踪工作开展过程中，预算部门（单位）要建立绩效监控机制，对当年项目预算过程中通过绩效目标评审的项目和上年结转的跨年度项目，针对其预算执行过程中的项目管理情况、目标实现程度、目标偏差和纠偏情况、目标实现可能性等进行跟踪。

项目管理情况主要是指项目的投入及保障项目各阶段有效实施的各项制度的健全性和执行有效性，包括为保障项目实施所投入的人力、财力、物力及项目管理制度、财务管理制度、政府采购、内部操作规程、质量监督与控制等相关制度。重点关注完成绩效目标所需要的各种资源成本消耗情况、支付标准、支付进度和政府采购程序等方面的规范性。

目标实现程度主要是指项目实施进度，包括项目产出、效果等绩效目标的阶段性完成情况。

目标偏差情况主要跟踪监控项目组织实施、项目绩效等重点目标在跟踪期内的完成情况，与项目整体计划和阶段性工作进行比对，判断跟踪期内目标的偏差情况，通过对偏差情况的分析，预计项目实现全面目标的风险。假如存在风险情况，提出纠偏意见，保证项目达到计划目标。

目标纠偏情况主要跟踪纠偏措施的制定和整改落实情况，关注预算部门

（单位）是否已经采取有效纠偏措施，以及纠偏措施落实的有效性。

目标实现可能性主要通过跟踪阶段相关数据的分析和归纳总结，预测年度绩效目标完成的可能性，对年度工作计划和目标进行回应。

六、目标跟踪程序

（一）确认绩效目标

确认绩效目标是否需要修正、调整。根据项目的分析和调研情况，对项目绩效目标进行更加准确、具体、全面的描述，修正、调整原填报内容，形成准确、合理的项目绩效目标，保证绩效运行监控过程中项目绩效目标的合理性。绩效目标应当按照以下思路设定。

1. 按照"合法、合规、合理"的要求，从产出、效果、目标保障情况、影响力等维度对项目的总目标和分目标进行重新确定。

2. 确认目标值。结合预算安排、类似项目的历史数据及行业标准，对项目绩效目标的目标值进行再确认。来源主要有：计划目标——项目计划书、工作方案等；历史标准——采用历史平均水平；行业标准——行业统一标准；经验标准——结合类似项目实践及专家经验。在项目开展过程中发生内容变更的，可对绩效目标及目标值进行重新修订确认。

（二）选取指标

主要包括三个方面：确定监控指标、确定阶段性目标值和确定监控频率。

1. 确定监控指标。监控指标就是项目考核指标。主要以《项目支出绩效目标申报表》设定的预期目标作为监控指标。操作时要求项目组事先开展绩效目标研究，细化项目产出指标和效果指标，在项目实施过程中随时对照相关指标进行分析，及时发现问题，纠正出现的偏差，确保项目按照预期目标顺利实施。

2.确定阶段性目标值。项目组应当将项目产出指标和效果指标按照时间进度和支出进度两个维度进行分解，细化项目实施节点，明确项目实施阶段性目标值。根据产出进度和预算支出进度随时分析阶段性目标值完成情况，及时采取必要的措施和方法促进项目阶段性目标值的全面完成。

3.确定监控频率。项目组应当根据项目实施的时间长短和设定的阶段性目标值确定项目监控频率。监控频率应当重点关注监控效率和效果，既不可过少，导致出现影响阶段性目标值完成的问题时不能及时发现和处置，造成项目整体绩效目标完成质量降低；又不能安排得过密，以免干扰项目实施进度，同时也增加项目组支出成本。

（三）实施监控

开展案头和实地数据采集。依据确认的绩效目标，对项目进行调研，收集项目信息，确定项目跟踪值及跟踪期内实际完成值，填制跟踪分析表。根据项目进展过程和预算执行情况，结合事先确定的关键事项和关键跟踪绩效指标，进行案头跟踪和实地跟踪，采集案头数据和实地数据，两者形成对照补充。

（四）偏差分析

分析偏差情况及原因，预测全年完成的可能性。确认好每一个指标对应的实际值之后，将实际值与目标值进行比较，若发现绩效运行偏差，分析偏差原因，填制跟踪分析表。"实际值"需要按照项目完成的实际情况进行填写，对照应完成的绩效目标描述偏差情况；若存在偏差情况，需根据偏差情况总结"偏差原因"（偏差原因一般与项目管理进行关联分析）；通过对偏差原因的归纳，分析预测项目全年绩效目标完成的可能性，以供部门（单位）进行决策。

（五）初步结论

若存在偏差，提出纠偏路径。依据偏差分析，结合项目实际，提出纠偏建议并明确纠偏措施，主要从预算执行进度、财务管理、项目管理和目标调整等方面提出与主要问题紧密结合的、具体的、可操作的改进建议和措施。

（六）纠偏落实

偏差可控，改进偏差过大，暂缓或停止拨款。目标跟踪与设定的绩效目标要求发生较大偏离时，目标跟踪主体应及时查找问题、分析原因、采取措施、及时纠偏。目标跟踪有重大偏离的，目标跟踪主体应将相关情况及时上报主管部门或财政等相关职能部门，进入整改程序，对目标跟踪中发现的问题进行必要的改进，对偏差较大的项目采取必要的干预措施等。对目标跟踪发现无绩效或低绩效的项目，要按规定调整执行或停止执行。此外，为保证绩效运行监控能够实现及时纠偏，在纠偏路径提出之后，预算部门（单位）应及时进行落实，以对后续的项目实施起到促进作用，最终保证项目整体开展结果达到项目设定初衷。

（七）结果公开

根据纠偏情况形成正式报告，并按要求予以公开。

七、目标跟踪报告

为了让财政部门、预算主管部门（单位）和预算单位对目标跟踪的结果有更全面的了解，往往通过报告的形式形成目标跟踪的结论。目标跟踪报告主要包含以下内容。

（1）目标跟踪工作组织实施情况；

（2）年度预算执行情况；

（3）绩效目标完成情况；

（4）存在的问题及原因分析；

（5）下一步改进的工作建议。

财政支出目标跟踪报告请见以下参考模板。

财政支出目标跟踪报告

一、目标跟踪工作组织实施情况

包括目标跟踪工作组织机构设置、职责分工、工作计划、计划实施情况等。

二、年度预算执行情况

年度预算的执行情况及分析。

三、绩效目标情况及分析

（一）绩效目标完成情况

部门整体支出及项目支出绩效目标完成情况，与预期完成情况的偏离程度。

（二）原因分析

对目标跟踪过程中发现的问题进行原因分析。包括：目标跟踪工作组织管理中存在的问题及原因分析；预算执行绩效与绩效目标偏离的原因分析等。

四、意见和建议

包括：对目标跟踪过程中发现的问题提出整改措施，下一步改进本部门的目标跟踪组织、管理实施方式等的思路。

五、其他需要说明的问题

附件：××项目支出目标跟踪分析表，如下所示。

××项目支出目标跟踪分析

项目名称：　　　　　　　　　　　　　　　　　　　项目金额：

目标跟踪分析要点	目标跟踪分析情况	工作要点与填写说明
1. 项目初始绩效目标		列出预算批复时的项目绩效目标，要明确、细化、量化
2. 项目调整情况		说明项目实施方案、预算等是否发生了调整及调整内容
3. 绩效目标调整情况		对照初始绩效目标，提出需细化补充的绩效指标和应修改的绩效目标，并说明原因
4. 项目资金到位情况及资金支出情况		（1）项目申报单位向资金使用单位拨付资金是否足额、及时； （2）截至20××年××月××日资金支付情况
5. 项目财务管理情况		不填
6. 制度建设及执行		是否建立了项目管理制度和必要的实施方案，是否按制度实行；列出具体文件名称和文号，提供电子版
7. 组织机构情况		项目管理执行机构是否健全、人员分工是否明确，列出项目实施组织架构图和职责分工
8. 项目进度情况		说明项目实际进度与预期进度相比是否存在滞后，影响原因是什么，能否按原计划完成项目。如不能按原计划完成，说明调整方式和新的项目进度安排
9. 阶段性完成情况（6月）		说明项目已完成的产出和已实现的效益，并分析绩效目标实现程度
10. 预算执行与绩效目标偏离的原因分析		预算执行绩效与绩效目标偏离的原因分析

项目负责人：　　　　　　　联系电话：　　　　　　　填写日期：

第四节　专项资金绩效评价自评

一、评价目的和范围

通过开展部门自评，促进从整体上提升专项资金绩效管理工作水平，提高财政资金使用效益，保障部门更好地履行职责。各级财政部门是本级部门支出管理绩效综合评价的主体，评价范围为本级各预算部门。

二、评价内容及标准

评价内容主要是专项资金绩效管理工作，具体包括基础工作管理、绩效目标管理、绩效运行监控、绩效评价实施、评价结果应用、绩效管理创新、监督发现问题七个方面，评价得分采用百分制和加减分制相结合。

（一）基础工作管理（20分）

推进度（20分），是指通过对部门组织队伍、规章制度、专家中介库、指标体系、宣传培训等基础工作的评价，反映部门绩效管理整体推进情况。

得分＝（部门自评得分×40％＋财政部门再评得分×60％）×20/100

部门自评得分，是指部门根据财政部门制定的预算绩效管理工作考核办法，自我评价得分；财政部门再评得分，是指财政部门在部门自评的基础上，审核确认的得分。

（二）绩效目标管理（25分）

1. 申报率（10分），是指通过对部门年度实际申报绩效目标项目数与按规定应申报绩效目标项目数进行比较，反映部门落实财政部门项目绩效目标申报要求的数量情况。

申报率＝实际申报绩效目标项目数/应申报绩效目标项目数×100%

应申报绩效目标项目数，是根据财政部门在布置年度预算时提出的相关要求所确定的部门应该编报绩效目标的项目数。

申报率达到年度预算布置要求的得 10 分。每低于要求 10 个百分点扣 2 分，扣完为止。

2. 目标覆盖率（10 分），是指通过对部门本年实际申报绩效目标项目资金额与部门项目预算资金总额的比较，反映部门落实财政部门绩效目标申报要求的资金覆盖情况。

覆盖率＝实际申报绩效目标项目资金额/部门项目预算资金总额×100%

覆盖率达到年度预算布置要求的得 10 分。每低于要求 10 个百分点扣 2 分，扣完为止。

3. 细化率（5 分），是指通过对填报细化量化绩效指标的项目数、资金额与实际申报绩效目标项目数、资金额的分别比较，反映绩效目标的细化程度。

得分＝（有细化量化绩效指标的项目数/实际申报绩效目标项目数×40% +
有细化量化绩效指标的项目资金额/实际申报绩效目标项目资金总额
×60%）×5

（三）绩效运行监控（10 分）

监控率（10 分），是指通过对是否有项目运行跟踪监控措施，以及纳入绩效监控的项目数量比重和资金规模比重进行评价，反映部门在项目运行中实施绩效管理的水平和程度。

得分＝（有无绩效监控措施）×5 +（实施绩效监控项目数/
实际申报绩效目标项目数×40% + 实施绩效监控项目资金额/
实际申报绩效目标项目资金总额×60%）×5

有为 1，没有为 0。

（四）绩效评价实施（20 分）

评价覆盖率（20 分），是指通过部门实施绩效评价项目资金占部门项目预算资金总额比重的评价，反映部门实施绩效评价项目资金覆盖情况。

覆盖率＝实施绩效评价项目资金额/部门项目预算资金总额×100%

覆盖率达到年度预算布置要求的得 20 分。每低于要求 10 个百分点扣 2 分，扣完为止。

（五）评价结果应用（25 分）

应用率（25 分），是指通过对部门应用绩效评价结果项目与绩效评价项目的比较，反映绩效评价结果的利用水平和程度。

得分＝向财政部门报告评价结果的项目数/绩效评价项目数×5

　　　＋向被评单位反馈评价结果的项目数/绩效评价项目数×5

　　　＋评价结果内部公开的项目数/绩效评价项目数×5

　　　＋已落实整改措施项目数/应整改绩效评价项目数×10

绩效评价项目数包括按财政部门要求开展绩效评价的项目数和部门自主开展绩效评价的项目数。

已落实整改措施包括调整预算结构、改进预算管理、整改发现问题、健全制度措施、实施绩效问责等。

（六）绩效管理创新（加分项目，20 分）

1. 目标管理创新（7 分），是指通过对部门编报整体绩效目标和申报绩效目标资金数量、规模超过规定要求的评价，反映部门绩效目标管理创新工作情况。

得分＝规定要求外绩效目标数量(小于等于 3)×1

　　　＋(申报绩效目标资金规模是否超过规定规模)×1

　　　＋(部门是否编报整体绩效目标)×3

部门在财政部门要求的绩效目标填报数量之外自行扩大 1 个绩效目标项目为 1，最高为 3。

是为 1，否为 0。

2. 评价推进创新（7 分），是指通过对部门自主组织开展绩效评价项目数量、绩效评价项目资金规模覆盖率超过规定规模以及对下级预算单位开展整体绩效评价的考核，反映部门拓展评价模式、扩大评价范围等创新情况。

$$
\begin{aligned}
得分 = & 自主组织开展绩效评价项目数量(小于等于3) \times 1 \\
& + (绩效评价项目资金规模覆盖率是否超过规定要求) \times 1 \\
& + (是否对下级预算单位开展整体绩效评价) \times 3
\end{aligned}
$$

部门每自主组织开展 1 个绩效评价项目为 1，最高为 3。

是为 1，否为 0。

3. 结果应用创新（6 分），是指通过对部门将绩效结果主动对外公开、预算绩效管理工作开展情况向同级政府报告的评价，反映部门在评价结果应用方面的创新情况。

$$
\begin{aligned}
得分 = & (是否主动对社会公开) \times 3 \\
& + (是否将预算绩效管理工作情况向同级政府报告) \times 3
\end{aligned}
$$

是为 1，否为 0。

涉密部门不考核对社会公开因素，相应分值分别记入"评价推进创新"的三个项下。

（七）监督发现问题（减分项目，－10 分）

违规率（－10 分），是指存在违规问题的绩效评价项目数量和资金金额分别占部门实施绩效评价项目数量和资金总额的比率，反映部门预算资金管理使用的合法、合规情况。

$$
\begin{aligned}
得分 = & (存在违规问题的绩效评价项目数/实施绩效评价项目数 \times 50\% \\
& + 存在违规问题的绩效评价资金额/实施绩效评价项目资金总额 \\
& \times 50\%) \times (-10)
\end{aligned}
$$

违规问题是指单位或个人存在违反《财政违法行为处罚处分条例》相关

规定并已受到处理处罚的行为。

三、评价程序

（一）部门自评

各部门按照相关要求开展自评工作，撰写部门整体支出绩效综合评价自评报告，报同级财政部门。

（二）开展评价

财政部门成立评价工作组，收集相关基础资料，必要时采用适当的方式开展现场评价。

（三）撰写报告

评价工作组对部门评价结果分类分析，形成部门支出管理绩效综合评价报告。对涉密部门的绩效评价工作单独组织开展。

第五节　专项资金绩效评价结果运用

财务主管部门审定的建设项目费用业绩总体目标，成为申请主管部门计划的前置要求和各项费用计划安排的依据，而财务主管部门下达的各项费用业绩总体目标则成为各项费用计划实施和绩效评价的基础。

1. 绩效评价结果包括先进、优秀、及格和不及格四种级别。

2. 评估结论将回复给有关政府部门，并对在评估中出现的问题，将责成主管开展调查有关主管将调查结果汇报给财务机关。

3. 绩效评价结果在一定范围内进行通报和报告。

4. 对绩效评价结果较为良好的部门，将予以激励性奖励。

第六节　专项资金绩效评价指标体系

当前，专项资金绩效评价工作已经不仅仅局限于项目支出绩效评价，而是不断地向部门整体支出绩效评价以及财政政策绩效评价方面拓展，尤其是越来越多地关注和重视财政政策绩效评价。但是在开展财政政策绩效评价的道路上还将面临诸多挑战。例如，财政政策绩效评价的目标确立、指标体系的制定、评价标准的确定、评价方法的选取和评价价值的选择等在认识和实践上还存在诸多差异。

专项资金绩效评价的侧重点在于财政政策绩效评价。专项资金绩效评价是指使用一定的评价方法及量化指标和评价标准，对政府部门为履行其职能所制定的绩效目标的实现程度和为实现该目标所安排预算的执行程度进行的较为综合的评价。专项资金绩效评价主要是对政府或一定区域内的财政支出带来的社会、经济、环境及生态等整体效益的评价。

专项资金绩效评价指标包括投入、过程及效果三大类，具体如表4-1所示。

表4-1　　　　　　　　　　专项资金绩效评价共性指标

一级指标	二级指标	三级指标
投入	预算安排	人员经费保障率
		公用经费保障率
		人均公用经费变动率
		民生支出占比
		民生支出占比变动率
		"三公"经费变动率
		预算完整性
		预算平衡性
		财政供养人员控制率
		债务率

续表

一级指标	二级指标	三级指标
过程	预算执行	收入完成率
		支出完成率
		支出均衡率
		资金结转率
		资金结转变动率
		"三公经费"控制率
		总预算暂存暂付率
效果	经济效益	财政总收入占国内生产总值（GDP）的比重
		税收收入占比
		税收收入占比变动率
		非税收入占比
		非税收入占比变动率
		财政支出乘数
	社会效益	城镇居民人均可支配收入变动率
		农村居民人均纯收入变动率
		人均受教育年限变动率
		人均期望寿命变动率
		城镇登记失业率变动率
	生态效益	空气质量变动率
		人均公共绿地面积变动率
		万元 GDP 能耗变动率
		社会公众满意度

一、投入指标

投入指标（见表 4-2）是体现政府在预算安排中投入的人力、财力、物力、土地、时间、信息和设备等的指标，投入的社会价值可根据其机会成本加以计量。

表 4 - 2　　　　　　　　　　　投入指标

序号	指标	指标解释
1	人员经费保障率	本年度预算安排中的在职人员人均经费同在职人员经费标准的比率，用以考核和评价某一地区财政"保工资"情况。在职人员经费标准是指依据政策制度核定的当地在职人员的人均经费水平。计算方法： $$人员经费保障率 = \frac{在职人员人均经费}{在职人员经费标准} \times 100\%$$ $$在职人员人均经费 = \frac{在职人员经费总额}{在职财政供养人数}$$
2	公用经费保障率	本年度预算安排中的人均公用经费同人均公用经费标准的比率，用以考核和评价某一地区财政"保运转"情况。人均公用经费标准的确立采用同类型地区的人均公用经费的平均水平。 计算方法： $$公用经费保障率 = \frac{人均公用经费}{人均公用经费标准}$$ $$人均公用经费 = \frac{公用经费总额}{在职财政供养人数}$$
3	人均公用经费变动率	本年度人均公用经费同上年度人均公用经费的变动比率，用以考核和评价某一地区财政对提升"保运转"状况的努力程度。 计算方法： $$人均公用经费变动率 = \frac{本年度人均公用经费 - 上年度人均公用经费}{上年度人均公用经费} \times 100\%$$
4	民生支出占比	民生支出数占当年公共财政预算支出数的比重，一般通过与同类型地区民生支出占比进行比较，用以考核和评价某一地区财政"保民生"情况。民生支出数以财政部确定的民生支出统计口径为准。 计算方法： $$民生支出占比 = \frac{民生支出数}{当年公共财政预算支出数} \times 100\%$$
5	民生支出占比变动率	本年度民生支出占比同上年度民生支出占比的变动比率，用以考核和评价某一地区财政对改善民生所作出的努力程度。 计算方法： $$民生支出占比变动率 = \frac{本年度民生支出占比 - 上年度民生支出占比}{上年度民生支出占比} \times 100\%$$
6	"三公经费"变动率	本年度"三公经费"支出总额同上年度"三公经费"支出总额的变动比率，用以考核和评价某一地区财政对重点行政成本进行控制和压缩的努力程度。 计算方法： $$"三公经费"变动率 = \frac{本年度"三公经费"支出总额 - 上年度"三公经费"支出总额}{上年度"三公经费"支出总额} \times 100\%$$

续表

序号	指标	指标解释
7	预算完整性	纳入政府预算管理的全部预算是否完整，用以考核和评价某一地区财政对预算进行综合管理的水平
8	预算平衡性	本地区财政本年度预算收支的差额（预算净结余）是否大于或等于零，用以考核和评价某一地区财政预算平衡情况。 计算方法： $$预算净结余 = 预算收入数 - 预算支出数$$
9	财政供养人员控制率	实际在职财政供养人数同标准在职财政供养人数的比率，用以考核和评价财政对某一地区本级财政供养人数实际控制的程度。计算方法： $$\frac{财政供养人员}{控制率} = \frac{实际在职财政供养人数 - 标准在职财政供养人数}{标准在职财政供养人数} \times 100\%$$
10	债务率	本年末本级政府性债务余额占本年本地综合财力的比重，用以考核和评价某一地区的财政对债务规模及债务风险的把控程度。综合财力是指政府公开的政府性基金支出、财政预算支出以及国有资本经营的预算支出合计数。 计算方法： $$债务率 = \frac{本年末本级政府性债务余额}{本年本地综合财力} \times 100\%$$

二、过程指标

过程指标（见表4-3）指的是政府在提供相关公共服务的过程中对质量的把控以及对预算制度的执行情况。显而易见，过程指标其实就是反映政府部门在提供相关公共服务过程中对质量进行控制的程度以及执行预算计划的变量。

表4-3　　　　　　　　　　　　　　过程指标

序号	指标	指标解释
1	收入完成率	预算收入实际完成数同收入预算数的比率，用以考核和评价某一地区的预算收入实际完成程度。预算收入数是指当地政府预算所批复的本年度公共财政预算中的收入数。 计算方法： $$收入完成率 = \frac{预算收入实际完成数}{预算收入数} \times 100\%$$

续表

序号	指标	指标解释
2	支出完成率	预算支出实际完成数支出预算数的比率，用以考核和评价某一地区的预算支出实际执行情况。预算支出完成数是指某一地区本年度实际所完成的公共财政预算中的支出数。预算支出数是指当地政府预算所批复的本年度公共财政预算中的支出数。 计算方法： $$支出完成率 = \frac{预算支出实际完成数}{预算支出数} \times 100\%$$
3	支出均衡率	某一时点公共财政预算的支出执行进度同支出进度标准的比率，用以考核和评价支出预算的及时性与均衡性。支出执行进度是指某地区财政在某时点的公共财政支出预算的执行数同本年度公共财政支出预算的比率。而支出进度标准是指某一地区财政部门根据序时支付进度、前3年的平均支付进度以及同一地区同级财政部门的平均支付进度等，进而确定的年度支出进度标准。 计算方法： $$支出均衡率 = \frac{支出执行进度}{支出进度标准} \times 100\%$$
4	资金结转率	结转资金总额同公共财政支出预算的比率，用以考核和评价某一地区财政对该地区结转资金的把控程度。 计算方法： $$资金结转率 = \frac{结转资金总额}{公共财政支出预算} \times 100\%$$
5	资金结转变动率	本年度结转资金总额同上年度结转资金总额的变动比率，用以考核和评价某一地区财政对控制结转资金所作出的努力程度。 计算方法： $$资金结转变动率 = \frac{本年度结转资金总额 - 上年度结转资金总额}{上年度结转资金总额} \times 100\%$$
6	"三公经费"控制率	本年度"三公经费"实际支出数同"三公经费"预算数的比率，用以考核和评价某一地区财政控制重点行政成本的程度。 计算方法： $$"三公经费"控制率 = \frac{本年度"三公经费"实际支出数}{"三公经费"预算数} \times 100\%$$
7	总预算暂存暂付率	总预算暂存款和暂付款期末余额同当年公共财政支出预算的比率，用以考核和评价某一地区财政对该级财政周转资金规模的把控程度。 计算方法： $$总预算暂存暂付率 = \frac{总预算暂存款和暂付款期末余额}{当年公共财政支出预算} \times 100\%$$

三、效益指标

效益指标的侧重点是反映政府使用财政资金而达到预期目标的程度，以及政府的财政支出活动对实现财政支出目标的促进作用，主要包括经济效益、社会效益、生态效益及社会公众满意度四个二级指标。

（一）经济效益指标

经济效益指标如表 4 - 4 所示。

表 4 - 4 经济效益指标

序号	指标	指标解释
1	财政总收入占 GDP 的比重	财政总收入占 GDP 的比重，用以考核和评价某一地区筹集财政收入和当地对经济及社会发展调控能力的水平。财政总收入是指当地当年的公共财政收入、国有资本经营收入、政府性基金收入（不含国有土地使用权收入）以及社会保障收入。 计算方法： $$财政总收入占 GDP 的比重 = \frac{财政总收入}{GDP}$$
2	税收收入占比	税收收入占公共财政预算收入的比重，一般可与同类地区的税收收入占比的平均水平或与本地区所确定的税收收入占比目标相比较，用以考核和评价某一地区公共财政的收入质量情况。 计算方法： $$税收收入占比 = \frac{税收收入}{公共财政预算收入} \times 100\%$$
3	税收收入占比变动率	本年度税收收入占比同上年度税收收入占比的变动比率，用以考核和评价某一地区为改善公共财政收入质量所作出的努力程度。 计算方法： $$税收收入占比变动率 = \frac{本年度税收收入占比 - 上年度税收收入占比}{上年度税收收入占比} \times 100\%$$
4	非税收入占比	非税收入占公共财政预算收入的比重，一般可与同类地区的非税收入占比的平均水平或与本地区所确定的非税收入占比目标相比较，用以考核和评价某一地区公共财政的收入质量。 计算方法： $$非税收入占比 = \frac{非税收入}{公共财政预算收入} \times 100\%$$

序号	指标	指标解释
5	非税收入占比变动率	本年度非税收入占比同上年度非税收入占比的变动比率，用以考核和评价某一地区为改善公共财政收入质量所作出的努力程度。 计算方法： $$\text{非税收入占比变动率} = \frac{\text{本年度非税收入占比} - \text{上年度非税收入占比}}{\text{上年度非税收入占比}} \times 100\%$$
6	财政支出乘数	当地 GDP 变动量同公共财政预算支出变动量的比率，用以考核和评价当地财政支出对经济所起的带动效应。 计算方法： $$\text{财政支出乘数} = \frac{\text{当地 GDP 变动量}}{\text{公共财政预算支出变动量}}$$ $$\text{GDP 变动量} = \text{当年 GDP} - \text{上年 GDP}$$ 公共财政预算支出变动量 = 当年公共财政预算支出 − 上年公共财政预算支出

（二）社会效益指标

社会效益指标如表 4 – 5 所示。

表 4 – 5　　　　　　　　　社会效益指标

序号	指标	指标解释
1	城镇居民人均可支配收入变动率	本年城镇居民人均可支配收入同上年城镇居民人均可支配收入的变动比率，用以考核和评价某一地区城镇居民生活水平的改善情况。 计算方法： $$\text{城镇居民人均可支配收入变动率} = \frac{\text{本年城镇居民人均可支配收入} - \text{上年城镇居民人均可支配收入}}{\text{上年城镇居民人均可支配收入}} \times 100\%$$ $$\text{城镇居民可支配收入} = \frac{\text{城镇居民可支配收入}}{\text{当地城镇居民人口}}$$
2	农村居民人均纯收入变动率	本年农村居民人均纯收入同上年农村居民人均纯收入的变动比率，用以考核和评价某一地区农村居民生活水平改善情况。 计算方法： $$\text{农村居民人均纯收入变动率} = \frac{\text{本年农村居民人均纯收入} - \text{上年农村居民人均纯收入}}{\text{上年农村居民人均纯收入}} \times 100\%$$ $$\text{农村居民人均纯收入} = \frac{\text{农村纯收入}}{\text{当地农村居民人口}}$$

序号	指标	指标解释
3	人均受教育年限变动率	本年人均受教育年限同上年人均受教育年限的变动比率，用以考核和评价某一地区对教育普及的改善程度。 计算方法： $$人均受教育年限变动率 = \frac{本年人均受教育年限 - 上年人均受教育年限}{上年人均受教育年限} \times 100\%$$ $$人均受教育年限 = \frac{受教育总年限}{当地总人口}$$
4	人均期望寿命变动率	本年人均期望寿命同上年人均期望寿命值的变动比率，用以考核和评价某一地区居民健康水平的改善程度。人均期望寿命是指出生人口的平均预期寿命。 计算方法： $$人均期望寿命变动率 = \frac{本年人均期望寿命 - 上年人均期望寿命}{上年人均期望寿命} \times 100\%$$
5	城镇登记失业率变动率	本年城镇登记失业率同上年城镇登记失业率的变动比率，用以考核和评价某一地区居民失业情况的改善程度。 计算方法： $$城镇登记失业率变动率 = \frac{本年城镇登记失业率 - 上年城镇登记失业率}{上年城镇登记失业率} \times 100\%$$ $$城镇登记失业率 = \frac{城镇登记失业人员期末实有人数}{城镇期末从业人员总数 + 城镇登记失业人员期末实有人数} \times 100\%$$

（三）生态效益指标

生态效益指标如表4-6所示。

表4-6　　　　　　　　　　　生态效益指标

序号	指标	指标解释
1	空气质量变动率	当年空气质量监测均值同上年空气质量监测均值的变动比率，用以考核和评价某一地区空气质量的改善情况。 计算方法： $$空气质量变动率 = \frac{当年空气质量监测均值 - 上年空气质量监测均值}{上年空气质量监测均值} \times 100\%$$ $$空气质量监测均值 = \frac{全年空气质量监测值之和}{12}$$

续表

序号	指标	指标解释
2	人均公共绿地面积变动率	当年人均公共绿地面积同上年人均公共绿地面积的变动比率，用以考核和评价某一地区生态环境的改善情况。 计算方法： $$人均公共绿地面积变动率 = \frac{当年人均公共绿地面积 - 上年人均公共绿地面积}{上年人均公共绿地面积} \times 100\%$$ $$人均公共绿地面积 = \frac{绿地总面积}{当地居民总人数}$$
3	万元GDP能耗变动率	当年万元GDP能耗同上年万元GDP能耗的变动比率，用以考核和评价某一地区节能减排水平的改善情况。 计算方法： $$万元GDP能耗变动率 = \frac{当年万元GDP能耗 - 上年万元GDP能耗}{上年万元GDP能耗} \times 100\%$$ $$万元GDP能耗 = \frac{综合能源消费量(吨标准煤)}{GDP(万元)}$$

（四）社会公众满意度指标

社会公众满意度是指社会公众对当地财政理财效果的满意程度。

| 第五章 |

专项资金绩效评价指标体系研究

第一节　构建指标体系原则

专项资金绩效评价指标要针对特定事项与目标、特定环境与时间来选取，并且存在着一定的地域差异，也会根据政策、环境、时机等条件变化，所以选择具体使用的合理指标具有一定难度。但这同时也是绩效评价实践中必不可少的环节，直接影响着绩效考核的成果。为了选取候选指标，需确立一套完整的绩效评价指标的设计原则以筛除候选指标数量，关注少量重要指标。这样，一方面可确立战略和政策目标；另一方面也便于与社会公众之间的沟通交流。评估对象的基本性质和特点，应该在国家中小企业发展专项资金绩效评价指标体系中有所充分反映，在评估的基本内涵中有所反映，由各类主要指标体系组成，以建立联系密切、互相补充、公平客观的体系结构。

一、专项资金绩效目标管理的基本逻辑

（一）专项资金绩效目标

经济建设专用基金的绩效目标管理综合效果，是指被考核范围单位通过国家财政或计划，在一定时期内所实现的企业经济发展总体目标与成效，分

为成果目标内容与绩效管理技术指标。成果综合作用既要与单位职责紧密结合，而任务设置又应当科学、精确具体、简单明了。而成果管理评价指标则是反映部门绩效目标完成程度的主要考核工具，包括产品工艺技术评价指标与成效生产技术评价指标。产品工艺技术评价指标反映了与总体设计任务有关的商品和服务的供给状况；效果生产技术评价指标反映了与总体设计任务有关的计划总开支预期成果的完成程度。成果管理评价指标要与整体经济业绩综合效果紧密联系，并正确应用于体现计划最终成果的指标体系，指标设置应合理、定量可考。业绩目标贯穿了预算编制、实施、调整、决策、监管的各个环节。

一般情况下，绩效目标分为项目绩效目标、部门整体支出绩效目标、专项资金绩效目标三大类。绩效目标指标应当包含下列关键信息。

1. 期望产出，包括政府供给的公共商品与公共服务产品的总量目标、服务品质目标、时间目标、成本目标和公共服务对象评价目标。

2. 预测效果，包括经济效益、社会发展效果和长期负面影响等。

3. 服务内容及目标受益人满足度。

4. 获得预期生产所必需的成本资料。

5. 反映企业期望产出、预期效益以及服务对象满意程度的综合业绩指标。

6. 其他。

（二）预算绩效目标管理

计划业绩总体目标管理工作，是指政府财政部门和国家预算管理机关及所属单位以财政资金业绩总体目标管理工作为主要对象，并以业绩总体目标的制定、评估、审核、调节等工作为主要内容，而进行的各种计划管理工作活动。绩效目标管理工作是从绩效目标开始的全方位覆盖管理工作过程，是绩效责任履行和回归管理工作的主体过程。《中共中央　国务院有关全面实施预算绩效管理的若干意见》规定"构建包含考核、绩效目标管理工作、业绩执行监测、评估和成果运用内容的整个过程预算绩效管理链条"。

各单位制订计划后，应加强业绩指标控制，全面考虑机关和机构整体业绩指标、政策和工作业绩指标。绩效指标不仅要涵盖产量、效益，而且要涵盖经济性、社会效益、生态效益、可持续发展，以及对用户的满意程度等绩效指标。因此，各级财政把绩效指标确定纳入预算调整的前置条件，并做好了绩效指标评估，将绩效指标纳入预算的同时审核落实。

（三）预算绩效目标管理的意义

实施业绩目标管理制度，有利于部门（单位）支出责任的明确、落实和解脱；有助于部门（单位）进行自我监控和不断提高业绩；可以推动政府预算编制的科学性和精细化，实现了计划与绩效合一；是政府建设库、开展事前业绩评价、制订部门计划、开展前业绩执行监测、开展后绩效评价等的重要基石和依据；可以为有关各方回顾和讨论过往业绩，奠定了客观的、相互理解的、彼此认可的重要基石。

（四）预算绩效目标管理主体

1. 编制主体和责任主体。根据"谁使用财政资金，谁申请预算，谁同步编制绩效目标"的原则，由申请使用国家财政投入资金的政府机关和单位，在制定项目、政策与制订计划时的同步制定绩效目标，申报预算（"一上"）时一并申报绩效目标。

计划主管部门是本机关业绩发展目标管理的责任主体。其职能主要涉及：填报本级机关各项经费绩效管理工作目标；引导、总结上报、考核、落实所属单位财政支出的各项绩效目标；检查、监督下属项目单位，根据已落实的业绩工作目标运用资金并开展绩效评价工作等。

2. 审核主体和批复主体。根据"谁审批项目预算谁同时审批总体目标，谁批复项目预算谁同时批复总体目标"的要求，财务主管部门主管考核预算管理机关总体、财务政策及其自行申报建设项目的业绩工作目标，并在批复部门预算目标（"二下"）时，共同考核各部门工作计划业绩工作目标。

二、绩效评价的指标设计

（一）指标设计总原则

1. 科学性原则。指标体系的科学化，是确保评价结果准确度和合理化的根本，一项评价活动在指标、标准、程序等方面制定是否科学，在很大程度上决定了其本身是否具备科学性原则。

指标体系的科学性主要包括以下内容。（1）精确性及统一性。指标一定要有精准的定义，概念也要清晰明了，尽可能避免或者减少主观判别，做到相对客观，结合定性和定量的方法、对无法量化的考核评价因素进行指标设置。应该科学合理地设置指标体系的结构与层级，其各层级内部的同级指标之间也应做到统一和谐。（2）特征性。指标能够将考评对象的特征及含义反映出来。（3）完备性。指标体系要依据考评目标的真实情况，公平、公正、客观地进行评价，不可遗漏重要的事项或者有所偏颇。（4）独立性。各个指标内涵可有所联系但不能产生重叠，在全方位地考评对象时，绩效指标体系的各个指标要具体细化，指标之间不能出现过多的交叉包容信息，也要尽量避免各个指标之间有所涵盖或重叠。

2. 实用性原则。理论研究成果一般都是服务于现实应用的，所以设计的指标必须做到符合理论评价方法和方式，并要求兼顾实际的可能性；要符合信息基础，并便于指标用户掌握相关指标的定义与功能，也应符合评价活动中对成本及时间的制约要求。绩效考核作为一个实用性很强的工作，指标体系遵循了实用性原则，就可以基本确定了绩效评价的实际有效性。简单来说，指标体系的实用性主要包括以下两个方面。一是要精练简明。对于一个既重大而又要求较多理论研究成果和实践经验的任务，往往需要将那些既精练简洁同时又能反映问题实质的指标体系中提取出来，因此，一个指标体系往往包括了许多指标。指标体系，即对问题初始资料的转化与提取。为保证评价的正确性，指标总量也不可过多，也不能过于烦琐。如此制定可以把控总体走向，抓住考核对象实质，防止落入过多的细节问题之中。同时，精练简明的指标能够有效缩短评价的时间及成本，更便于进行绩效评价。二是要便于理解。标准往往被认证人员、评审专家、决策人员、管理人员和消费者等各方人士采用，据此，易于掌握的标准能够使评估和确认及就所得结果进行沟通的效率、真实性得到提高。

3. 相关性原则。绩效评价指标必需和业绩指标有直接关系，才能正确体现任务的完成水平。

4. 重要性原则。必须择优采用最具代表性、最能体现评价特点的核心指标体系。

5. 可比性原则。对于同一评价指标应选择带有共性的绩效评价指标，这样考评结果才能交叉对比。

6. 系统性原则。应该把定量分析指标和定量分析指标结合，以比较系统衡量财务开支中所形成的社会发展效果、经济价值、环保效果，以及可持续影响等。

7. 经济性原则。绩效评价指标体系应通俗易懂、简便易行，对数据的获取必须充分考虑实际要求和可操作性，并遵循成本效益原则。

（二）指标设计程序

在参考相关理论和经验的基础上，可以总结出指标选择的程序可大致包括以下四个步骤。

1. 根据指标框架总体要求列出候选指标。由于指标体系的构建需要包含多种要素，所以程序相当复杂，选择指标的前提是建立一个完整的框架，以此把评价的使命和战略落实到具体的明细指标上，这对于理解不同要素之间的相互关系以及指标与政策战略之间的相关性具有重要意义。然后，在此框架下添加可供选取使用的所有指标，从各个角度及各个层面来浏览，并通过明确指标之间的关系以保证整个体系在逻辑上的合理性与完整性，并保证所有想法和较为重要的方面都被考虑在指标体系之内。同时，还要考虑到可以在后续步骤里被检验、比较的需要，如要保证指标之间的可比性。在选择候选指标的时候，可以参阅相关的政策法规，广泛征求群众意见和咨询专家学者，以及吸取使用过相似指标的单位的经验教训。对于某些特殊指标，例如环境保护指标，必须参考某些生态学和生物学文献资料，以及衡量特殊物种和生态多样性的生态健康指标。

2. 测试和评价候选指标。在作出选择之前，应当根据所选取指标的具体目标及相关要求确定一套用于评价候选指标适用性的原则或标准。除此之外，对指标的评价过程一般是在某个实际测试或多个试点的基础上进行的。相对来说，这个过程较长，同时还要投入一定的人力、物力。试点单位的选择也需经过缜密考虑，针对各种目标不同的绩效评价项目，选取具有合适的地域和发展水平的财政部门。对试点的结果也应及时进行汇总比较，以便根据实际情况适当调整被测试指标和试点方案，做到因地制宜。

3. 在众多候选指标中挑选出最合适的指标。经过对候选指标不断测试及调整后，依据指标选择的评价原则，首先对候选指标进行评价；其次按优先程度进行排序。不同的指标存在差异性和多样性，很难确定一个最好的方式来选取最适合的指标，所以"公众参与"作为一个补充程序被引进指标选取的过程中，让评价结果所关联的群体来评价指标的质量。此外，由于指标的选择需要一定的时间和资源的投入，被选择的指标应当是能够符合信息需要的、成本合理的指标。也就是说，在最合适的指标选择过程中，要在信息需求和成本之间寻求一个平衡点。过多的成本投入和时间投入不符合最佳指标选择的相关要求。

4. 在应用中持续改进指标体系。最终选取的指标被运用到绩效评价实践中，但这并不是指标选择程序的结束。从长远角度来看，这应当只是选取和运用指标的开始。在运用的过程中，不断改进和提升指标体系的适用性与实用性是一个漫长且持续的过程，这将贯穿指标使用的整个过程。先要建立一个信息反馈系统，收集和汇总在应用过程中发现的问题，并针对不同情况予以解决或者适当调整指标体系。这个过程与测试调整过程大有不同，这个过程运行的范围更大，且是在实际应用过程中所进行的再提高，将要面临的问题更加复杂多样。只有在实践应用中不断加以调整，指标体系框架才能逐步完善，进而达到整体绩效评价的最终目标。

（三）分级指标设计

对已经开展过指标体系设置工作的研究机构，应当参照《财政部关于印发〈财政支出绩效评价管理暂行办法〉的通知》和《财政部关于印发〈预算绩效评价共性指标体系框架〉的通知》的指标体系设置框架进行建设。《财政部关于印发〈预算绩效评价共性指标体系框架〉的通知》提出，参考框架模型主要用于设计具体共性目标中的引导与借鉴，既要针对具体绩效考核目标的不同，从其中灵活选择最能体现绩效考核目标特征的共性目标，又要根据具体绩效考核目标的特征，另行制定具体的个性考核目标，从而建立完备的绩效考核目标框架。

针对不同的测评对象特征，可先设计出适合于特定行业及类别的共性指标体系框架，然后根据测评对象特征设计具体的个性指标。

1. 一级指标的设计。等级指标体系以及考核指标体系中的业绩层级，是指基于官方财务绩效评估主体（"3E"原则）而对考评层级的细分与条理化，它是指标中的一个构成基础。

财政工作实质上是办事的活动，绩效评价涉及行为程序与行为后果二个层面。就行为流程来说，需要考核活动投入能否达到经济性目标，流程能否正确、适当；就行为结果而言，需要考核活动成果能否实现了预定目标，投入产出行为能否产生效益及由此产生的结果（包括经济、环境、社会等）。

将"3E"原则的目标行为与工作过程的结果两部分相结合就可以进行绩效维度的分析，《财政部关于印发〈财政支出绩效评价管理暂行办法〉的通知》所规定的绩效维度目标行为、项目管理、工作业绩，大致对应着目标经济性、绩效稳定性与效益性，同时也有目标行为后果与工作行为后果的指向。在《财政部关于印发〈预算绩效评价共性指标体系框架〉的通知》中，绩效维度主要表现为投资、过程、产出、结果等，其设计逻辑是，投资和过程对应的是经济效益，过程和产出对应的是绩效度，产出和结果对应的是有效性，而在行为过程与行为结果的方向上则比较明显。

建议对现阶段财政建设项目绩效评价、绩效维度均可按财政部以上两份文件的一级指标判断，一般而言，《财政部关于印发〈财政支出绩效评价管理暂行办法〉的通知》中的三个维度较为适宜对初始投入或一般财政开支项目的评价，《财政部关于印发〈预算绩效评价共性指标体系框架〉的通知》中的四个维度则较为适宜对持续投入和政策性财务支付项目的评价。

2. 二级指标的设计。二级指标也称为基本指标，是对一级指标测评基本面向的进一步细化，可理解为各个绩效维度测评的具体内容。在财政部绩效评价标准共性框架中，二级指标所列示的即为各个绩效维度相关测评内容的具体方向。设计时，应当按照评价对象和项目的主要特征，确定关键问题，并尽可能做到不重不漏。如果在此基础上作出了合理的调整，也可以进行采用。

3. 三级指标的设计。三级指标也称为目标要素，是二级目标考核的体现，一般要求按照考核目标所属行业和工作特色作出个性化设置，并由考核部门独立判断。三级指标作为综合考核量化结果产生的依据，必须形成目标评价结论。所以对它必须有客观指标解释与描述，即指标值的产生。因此，对客观指标必须要采用可量化的统计方法，对主观指标则必须有定量方式的描述，具体内容如表5-1所示。

表5-1　　　　　　　　　三级指标的设计

指标范围	指标指向	指标来源	指标生成	指标解释与说明
指标隶属上层二级指标的内容	计划达到的、相关规定要求做到的以及项目应该做到的	计划（绩效目标）、立项文书、行业规定、各种相关制度规定及社会经济发展要求	由共性指标框架相关指标派生形成，通常以1~3个为宜	指标的必要解释和计算方法说明，客观指标计量方法（计算式）；主观指标量化因素和方法（评语集）

三、财政项目要素绩效评价指标设计示例

以某市级城乡居民养老保险财政补助专项资金绩效评价指标体系设计为例。

（一）参考共性指标框架的选择及一级指标的确定

该项目为政策性财政专项支出项目，共性指标框架选择《财政部关于印

发〈预算绩效评价共性指标体系框架〉的通知》中的《项目支出绩效评价共性指标体系框架》，一级指标直接采用《项目支出绩效评价共性指标体系框架》中的投入、过程、产出、效果四个绩效维度。

（二）二级指标的确定

二级指标的确定如表5-2所示。

表5-2　　　　　　　　　　　二级指标的设计

评价维度	关键评价问题	二级指标	说明
投入	养老保险基金有无保障？	养老资金筹集、养老资金结构	该项目为政策执行目标，无须评价决策依据等内容
过程	(1) 项目是否按预算实施？ (2) 项目管理是否合规、合理、有效？	预算管理、业务管理、财务管理	基本要求
产出	(1) 项目是否按政策执行？ (2) 项目完成质量如何？	补贴政策执行、补贴覆盖范围、监管质量	主要考核制度执行情况及质量
效果	(1) 项目实施效果如何？ (2) 项目是否公平？受益群体是否满意？ (3) 项目可否持续？	基金营运及发放、社会反映、可持续性	政策性项目，对经济效益、生态效益不直接评价

（三）三级指标的确定

三级指标的确定如表5-3所示。

表5-3　　　　　　　　　　　三级指标的设计

隶属的二级指标	三级指标要素	指标来源
养老基金筹集	中央财政资金转移支付到位率、省级财政资金转移支付到位率、市级财政资金到位率、人均缴费	养老保险财政补助预算及批复、城乡居民养老保险政策文件
养老金结构	个人缴费补贴占财政补贴比率、基础养老支出占财政补贴比率、市级财政补助支出率	有要求但暂无规定，考虑居民养老基金的来源，要有合理结构

续表

隶属的二级指标	三级指标要素	指标来源
预算管理	预算依据充分性、预算合理性、预算支出合规性	相关规定及项目具体情况
业务管理	管理制度建设、管理机构健全、管理工作有效	相关规定及项目具体情况
财务管理	财务信息质量、资金管理、会计核算、财务制度执行	相关规定及项目具体情况
补贴政策执行	个人缴费实际补贴金额、个人养老金支出实际补贴金额	城乡居民养老保险政策文件
补贴范围	覆盖率、参保率	城乡居民养老保险政策文件
监督管理	公示率、个人账户开户率、年审率、建档率、信息公开程度	城乡居民养老保险相关制度
基金运营及发放	基金投资收益、个人养老金实际领取率	基金投资收益根据规定许可范围考核，主要考核产出数量
社会反响	受益群体满意度、公众满意度	绩效评价要求
基金可持续性	基金结余率、养老金替代率、物价影响系数、收入影响系数、GDP 影响系数	参考国内外社会保障制度评价指标选取

（四）形成评价指标体系

评价指标体系如表 5-4 所示。

表 5-4 市级城乡居民养老保险财政补助专项资金绩效评价指标体系

一级指标	二级指标	序号	三级指标	指标说明（定量计算方法及定性评语集）
投入	养老资金筹集	1	市级财政资金到位率	市财政实际到位资金/市专项资金
		2	中央财政资金转移支付到位率	中央财政实际到位资金/中央专项资金
		3	省级财政资金转移支付到位率	省财政实际到位资金/省专项资金
		4	人均缴费额	人均缴费统计平均

续表

一级指标	二级指标	序号	三级指标	指标说明（定量计算方法及定性评语集）
投入	养老资金结构	5	个人缴费补贴占全部财政补贴比率	个人缴费补贴总额/全部财政补贴总额
		6	基础养老支出占全部财政补贴比率	基础养老支出总额/全部财政补贴总额
		7	市级财政补助支出率	财政补助实际支出/财政补助预算
过程	预算管理	8	预算依据充分性	①立项符合规定（60%）； ②立项有文件依据（40%）
		9	预算合理性	①资金使用安排符合计划（30%）； ②预算分配合理（25%）； ③项目预算支用方式合规（25%）； ④预算调整有申请及批复（20%）
		10	预算支出合理、具体性	①预算支出方向明确，责任人清楚（10%）； ②预算编制支出金额细致、具体（30%）； ③无违规支出（30%）； ④支出时间计划安排具体细致（30%）
	业务管理	11	管理制度建设	①有完整的管理制度（30%）； ②有健全的责任制度（30%）； ③制度贯彻与执行（20%）； ④各项制度有配套措施（20%）
		12	管理机构健全性	①机构设置合理（40%）； ②市、区机构完整（30%）； ③市、区机构标准统一（30%）
		13	管理工作有效性	①管理人员定岗、定编（30%）； ②管理工作职责明确（30%）； ③管理工作落实到位（20%）； ④管理责任明确（20%）
	财务管理	14	财务信息质量	①账簿证件齐全、账实相符、会计核算清楚规范（25%）； ②原始凭证符合要求，手续齐全（25%）； ③会计账簿保存完好（25%）； ④项目及时结算，手续合规齐备（25%）

续表

一级 指标	二级 指标	序号	三级指标	指标说明（定量计算方法及定性评语集）
过程	财务 管理	15	资金管理	①设有财政专户（50%）； ②财政专户缴拨凭证齐全（25%）； ③资金经办记录完整（15%）； ④资金经办手续完备（10%）
		16	会计核算	①核算制度健全（30%）； ②收入、支出核算清晰（30%）； ③与金融机构按月对账（20%）； ④与财政部门、经办部门按月对账（20%）
		17	财务制度执行有效性	①建立严格的财务签字制度（25%）； ②建立严格的印鉴管理机制（25%）； ③建立严格的人员牵制机制（25%）； ④建立严格的内部定期自审自查制度（25%）
产出	补助 政策 执行	18	个人缴费实际补贴金额 （元/人）	实际发放补贴金额
		19	个人养老金支出实际补贴 金额（元/人）	实际发放补贴金额
	补助 覆盖 范围	20	覆盖率	新农保制度适用对象占农村人口比例
		21	参保率	实际参保人数/应参保人数
	监管 质量	22	公示率	实际公示人数/应公示人数
		23	个人账户建账率	个人账户建立数/实际参保人数
		24	年审率	实际年审人数/应年审人数
		25	建档率	已建档人数/应建档人数
		26	信息公开程度	各区建有养老基金相关门户网站，设有咨询、查询电话等（40%）；各区在省财政与编制政务公开网上公布养老基金的归集与发放信息（30%）；各区人社服务中心、村委会等公开养老基金信息（30%）

续表

一级指标	二级指标	序号	三级指标	指标说明（定量计算方法及定性评语集）
效果	基金运营与发放	27	基金投资收益率	基金投资收益/基金总收入
		28	个人养老金实际领取率	养老金实际领取人数/应当领取养老金人数
	社会反响	29	受益群众满意率	问卷调查统计
		30	公众满意度	问卷调查统计
	可持续性	31	基金结余率	基金结余总额/基金支出总额
		32	养老金替代率	年养老金平均领取金额/当年农村居民纯收入
		33	物价影响系数	人均领取养老金增长率/年物价增长率
		34	收入影响系数	人均领取养老金增长率/年农村居民收入增长率
		35	GDP 影响指标	人均领取养老金增长率/年 GDP 增长率

第二节　绩效评价指标类别

结合相关实践与研究，依据公共预算支出的特点及相关因素的影响，合理划分绩效评价指标，对专项资金绩效的关键评价因素把握得更加清晰，同时也更加有利于科学、有效地设计绩效指标。学术界目前比较认可的分类主要有以下三种。

1. 按照指标的层级可将指标划分为终极指标和下级指标乃至更多层次。根据绩效指标的内在关联及逻辑层次关系进行分类，运用多层级指标，更加有利于准确、全面地得出评估结果。

2. 按照指标的描述形式和属性可以把技术指标区分为定性指标和定量指标。在绩效指标中，定量指标主要通过数值形式来表现。有部分指标无法采用数字形式来表达，而必须使用某些专门的语言或规范的语言来表述，而这些指标则称为定性指标。在国家财务计划评价中，定性指标主要包括两个方面，分别为共性指标和个性指标。共性指标，一般是指在政府公共支出项目的考核或综合性较大的项目考核中被广泛应用的有关指标。而个性指标所涉及的具体内容则有考核成绩评价指标和调整指标，首先必须明确具体化的评价主要对象，进而收集、了解、梳理有关的资源与信息；其次针对政府财政收支的有关具体条件，以及评价主要对象所具有的不同特点针对特定的技术指标加以设定和调整。

3. 针对指标的具体内容，可根据项目的投入、过程、产出、效果及经济性、效率性、有效性对指标进行划分。

投入类指标主要考核及评价政府公共服务项目各方面的成本投入量，例如投入的人力成本、财务相关支出、总运营成本等。过程类指标主要考核及评价政府公共服务项目在运行过程中的预算制定与执行情况及质量管理和控制情况。例如，政府部门制定的质量控制管理方法及相关制度是否合理规范、预算执行是否存在偏差，尤其重点考核及评价政府公共服务项目在资金使用、预算编制、预算执行等方面的合理性、合规性、合法性等问题。产出类指标主要考核和评价政府所完成公共服务的数量及质量等情况，即政府公共服务项目产出量问题。例如项目完成率、工程完工程度、污染企业整治量等。效果类指标主要评价及考核政府公共服务对既定计划的完成情况，能够直观地反映政府绩效目标完成情况，例如定点帮扶工作任务完成情况、城市绿化条件改善比率、重大安全生产事故降低比率以及雾霾天气降低比率等。

经济性指标主要考核及评价政府公共服务项目完成过程中的成本控制情况，例如城市公共交通运输工具每千米的运营成本降低多少、每年公共设施维护成本降低多少等。效率性指标主要考核及评价政府提供公共服务的产出比，例如公诉案件完成效率、政府对受访工作接待人员数量的投入与上访群众数量的比例等。有效性指标主要考核及评价财政支出的目标是否完成以及完成程度如何，另外，将投入与产出进行对比分析，往往是将效率及效果因素放在一起进行结合、统筹分析，例如是否批准街道门牌整改方案的预算等。

一、按指标的适用范围划分

根据项目的适用范围，绩效评价方法又可分为共性指标和个性指标。

共性指标是应用于各种评估对象的综合指标，重点分为预算编制情况与计划实施状况，财政支出情况，资产分配、运用、处理以及收益管理的状况，及其社会效益、经济性等。

个性指标是根据预算部门或企业项目性质而制定的，应用于各个预算部门或企业之间的绩效评估指标。

共性指标由中央财政部门统筹提出；个性指标由地方财政部门会同国家预算机关共同提出。

二、按指标的属性划分

根据项目的性质，绩效评价方法可以分为主观指标和客观指标。

（一）主观指标

主观指标也叫作感受指标，是指无法进行衡量或计算取值而只靠评估人或被访人的感觉、评价决定其量的指标。

1. 主观指标的内容。主观指标也有主观性和客观性。所谓主观指标的主体原因，是指在主观指标产生与测定过程中由于渗入人的主观原因所形成的因人而异的特殊性，但并非说它的测定结果都是完全主观意义的。主观指标同时也是由具备不同特点的人所产品设计和加以衡量的，人们在为主观目标概念设计和评价客观指标值的过程中，就必然地要接受个人主观因素的影响，影响的直接后果，就体现在目标定义映射的偏废和评价指标值的误差上。而这一点，和个人客观目标的性质也是相同的。

主观指标中也存在客观性。主观指标尽管体现的是人的主观感觉，但是主观感觉并不可以完全背离客观现实。因为主观指标反映的不是某个个别人的主观感受，而是反映一个群体的主观感受。如果说，个别人和人之间对某一事件的主观体验会有不同，又或者个别人也会故意产生偏差，但是综合了平均上大批人对同一事件的主观体验后，其结论也会趋于某些一致性，而这个统一性也正好体现了普通民众中一个人共同的、客观真实地生存的心态状况。从这种含义上讲，主观评价指标就具有客观价值。其实，主观指标的客观性和客观指标体系的科学客观性，从根本上讲并没有任何差别。而辨析主观指标体系的主观性和客观性的重要含义就在于：要更准确地理解、看待和评估主观指标体系，大胆地运用主观指标体系，并赋予主观指标体系在社会经济统计指标分析中相应的地位。

中国目前在整个社会经济统计学与研究领域中，对主观指标的使用还相当慎重，与客观指标相比，数量还很少，但国外在整个社会经济统计分析与评价领域中，却较多地使用了主观指标。

2. 主观指标的缺点。使研究者和管理人员都把管理工作重点放在了绩效衡量的主观指标上。实际上，在很多实际情况中，主观评价指标都是最主要的绩效测评指标。当然，由于主观评价测试工作过程由于人的判断，易产生与测评工作流程相互联系的一些错误，常见的错误有测评范围过广或太严、趋中倾向性、光环效果、对比效果、近期效果以及接近性误差，此外，测评者和被评者之间的关系也是影响绩效测评结果的一个原因。

（二）客观指标

客观指标，是指能够使用最直接可测量的数值，来体现绩效水准的客观指标体系。它是对成绩的客观体现，一般都通过统计指标直接显示出来。

1. 客观指标的分类。客观指标也可以分为两种：一种是产量指标，即规定时期内的产量；另一种是人事指标，即工伤事故的发病率及程度。

2. 客观指标的缺点。真实数据主要的缺点就是没有可靠性（工作业绩在持续时间上的安全性）。例如，事故发生在刚开始使用新引进的设备时，事故发生概率就会比较高，但过一段之后，操作经验的积累使事故发生概率降低。因此，假如把设备在刚引入时的事故发生概率当作业绩数据，就会降低员工的操作绩效。此外，真实数据也易受组织环境特性的影响，例如，在摩托车配套工厂中一个员工的作业生产率是根据整个工厂的运行速度来确定的，而这样的真实数据也就无法区分工厂中不同工人的操作绩效。实际上，由于很多的真实目标往往是由工作人员自己所无法控制的原因确定的，因而客观衡量的重心并不在于行动，而在于行动的成果。更为重要的是，在很多工作中，根本就缺乏良好的客观业绩指标。所以虽然从表面上来看，客观的业绩衡量是很有魅力的，但在理论上与实际的限制却常使其不适宜。

（三）主观指标与客观指标的联系

主观指标与客观指标都是一个国家经济社会发展的差异体现，主观、客观间具有密切联系也有差异，所以在具体情况衡量时不要只强调客观指标而忽略了主观指标。如果要评估某个地方的社区整体治安状况，一方面可以使用犯罪率等的客观指标来表示；另一方面还必须使用人们对待周围治安环境的态度的主观指标进行衡量，两者缺一不可。

三、按指标的考核内容划分

按指标的考核内容，绩效评价指标体系可分为过程性指标和结果性指标。

（一）过程性指标

过程性指标的程序是相对结果来说的，并以行动程序为引导。过程性指标并不是只注重过程而不重视对结果的评估，是具有方法与结果含义的评价指标。

完整的统计指标包括以下内容。

（1）明确技术指标名称，一般分为两个方面：一方面是明确规定了技术指标概念的含义，以明确哪些应该列入，哪些不应该列入；另一方面是规范了指标体系的外延范围，并明确了指标的总体统计范畴，以说明其所反映现象数量特点的具体性质与内涵。

（2）明确了计算的时候限制和空间范畴。一切事件和现象，均产生于一定的时候和空间。因此，时间标准是数据设计的主要部分。其中，空间原则可以按照要求，确定区域范围或管理区域；时间标准则应该按照数据对象的特点，选择时间点原则或时间标准。

（3）确定了衡量尺度和计量单位。由于客观对象的特性和人类的认知能力，就决定了人们对待不同的客观现象时应当选择不同的衡量尺度。在统计学中，使用的测量尺寸由低至高分别是定类尺寸、定序尺寸、定距尺寸和定比尺寸；统计学指标的计量单位主要有实际单位、货币单位和时间单位，通常按照指标的特性和特点来选择。

（4）明确指标的计算方法。计算公式也因指标体系性质而异，有的统计量指标体系只要明确了概念的含义与外延之后，统计方式也就相应明确，而无须再专门规定计算方法。对某些汇总性质的总量指标体系也是如此，例如土地出让总量、土地增值税总量等。

（二）结果性指标

结果性指标一般以行为结果为基础，容易判断，且不易改变或降低，是具有目的和效能含义的指标。

以《财政部关于印发〈财政支出绩效评价管理暂行办法〉的通知》评价指标体系中的三个项目为例，并根据项目性质与考核内容中的项目类别区分，如表 5-5 所示。

表 5-5　　　　　　　　　　　财政项目支出绩效评价指标

项目	客观绩效指标	主观绩效指标
过程性绩效指标	目标内容、分配办法、资金使用	决策依据、决策程序、财务管理、组织机构、管理制度
结果性绩效指标	产出数量、产出质量、产出时效、产出成本、经济效益、社会效益、环境效益、分配结果、到位时效、到位率	可持续影响、服务对象满意度

第三节　绩效指标评价思路

一、专项资金绩效评价的总体思想

基于专项资金绩效评价的理论和现实意义，结合西方国家的经验和我国的实践来看，开展专项资金绩效评价研究，旨在探索出一套可操作性强、有效性高的指导方案，以助力财政管理实践水平的提高。然而，多方面的实践经验表明，此项研究或工作相当繁杂，具有很强的逻辑性和系统性，是一项系统工程。秉着"求同存异、化繁为简"的理念，为了在研究实践中提高效率，结合我国国情，提出专项资金绩效评价的总体思路势在必行。借鉴实践研究经验，开展专项资金绩效评价工作必须具备以下基础。

1. 追根溯源，夯实理论基础。从专项资金绩效考核的产生入手，研究专项资金绩效考核概念的产生与演变历程、当代专项资金绩效考核的理论体系、实施专项资金绩效考核所遵循的一般原则以及一般技术和原则，为构建完整的专项资金绩效考核制度提供思想依据。

2. 按需引导，形成思想基础。从我国专项资金管理的需要出发，分析我国当前开展专项资金绩效评价的必要性，综合我国专项资金绩效评价的基本情况，借鉴国外开展专项资金绩效评价的主要可行模式，提出符合我国国情的专项资金绩效评价的基本思路、难点问题以及需要采取的配套措施。

3. 确定框架，完善组织基础。从国家专项资金绩效考核的对象出发，对专项资金绩效考核进行划分，确定专项资金绩效考核的范围，并以此为基准，设置专项资金绩效考核的指标体系与标准体系。从我国国情出发，规定我国开展专项资金绩效考核的工作程序，建立专项资金绩效考核成果的计算方式，从而确定专项资金绩效考核成果的应用领域。

在这些理论基础、思想基础、组织基础之上，还需提出必要的评价依据、科学合理的评价方式、比较合理的评价方法等，才能合理进行专项资金绩效考核工作，从而形成由评价指标、评价方式、评价标准、评价队伍、考评机制等构成的比较系统的专项资金绩效考核系统，如图 5 - 1 所示。

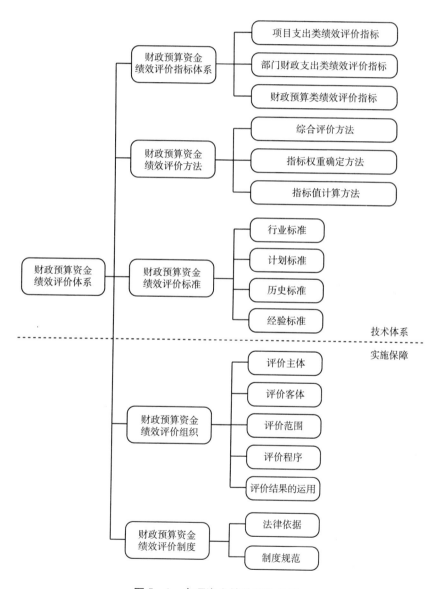

图 5 - 1　专项资金绩效评价体系

专项资金绩效评价指标，是指可以客观反映专项资金使用绩效的一个科学合理、层次分明、可操作性强的评价指标集。专项资金考核方式，是指实施专项资金考核的方式与模型，它是考核工作实施的科学路径。专项资金考核标准，是指在使用目标框架对专门经费使用绩效作出考评时判断成绩高低的标准值。专项资金考评机构，是指专项资金考评人员的机构和操作方式，包括确定考评负责人、评价对象、考评具体内容、评价模式、考评环节和考评成果如何使用等，它是考评项目顺利开展的保证。专项资金绩效考核制度，是指进一步规定关于专项资金考核的各种法律管理制度和规定，主要是进一步在现行的相关法规中添加关于考核的法律规定，例如《中华人民共和国计划法》等，并且进一步完善财务支出绩效评价相关的专业规范，主要是《评价准则》《评价办法》《评价工作程序》等。

开展专项资金绩效评价工作，要明确评价主体和评价客体，根据评价客体的特点和内容制订评价计划，包括评价制度和评价目标等。在开展具体评估项目前，要根据评估目标建立评价指标体系，制定评估办法，开展评估数据处理，得出评估结论。还需广泛收集并全面收集不同类型指标结果，形成专项资金绩效评价的指标系统，将该指标的总体成绩作为评估结果，最终应用评估结论，逐渐形成评估结论的运用体系。

二、专项资金绩效评价的基本原则

专项资金绩效考核体系内涵相当复杂，其目的主要是体现国家中小企业发展专项资金的经济性、效能性和有效性，构成了专项资金绩效考核的基本原则，即"3E"原则。这些基本原则在评价中一般通过以下方面来具体体现。

（一）将定性分析方法和定量分析方法结合

定性分析是新闻传播学的主要科研方式之一，是指采用逻辑推理、哲学思考、历史求证、法律法规判定等逻辑思维方法，注重于从质的方面剖析和探究某一事件的具体属性。而定量分析则是指通过分析研究某个被客体及其所包括成分的数量关系以及各物质对象具有特性之间的总量关联关系，它可对各个对象的特定本性、特点、关联性等在总量上加以分析类比，对分析研究的结论用数量关系予以说明。在实际操作过程中，例如公众的满意度，可以采用定性分析；例如就业率，则需要通过量化来衡量。人们对事件作定性分析后，往往会受到自身价值观的左右。因此，要在定性分析基础上进行定量分析，以得到更精确、更真实、更科学的结果。

（二）将整体性和系统性工作相结合

整体性着眼于不同要素间的互相联系，力求通过分析来提高系统的整体水平和质量。系统性要求能够系统、全面地反映评价对象和范围，不能有任何重要内容的遗漏。专项资金支出效果涉及多领域、多主体，需要全面评价涉及的多个主体的收益、成本与风险等情况，以真实反映财政支出效果，提升评价的客观性。

（三）可行性与可比性相结合

专项资金绩效评价方案应进行科学设计，评价程序合理，评价指标全面，评价数据可获取，评价方法科学，确保专项资金绩效评价的可行性。专项资金绩效考核，还应该在标准化的工作过程与相对统一的指标体系与规范之下，对国家财政资金的利用过程和产出情况进行综合性评估和分析，从而使评价结果具备一定的可比性，尤其是在指标的安排上，要以客观指标为主，把共性指标和个性指标相结合，以建立彼此衔接、互补的整体绩效评价结构，将预算标准与实际工作相结合，研究设计相应的评价指标，保证其在合理范围内的可行性。同时，分析指标内在与外在联系，对同一指标内在纵向比较，对不同指标外在横向比较，确保比较的可操作性和合理性。任何不具有可行性的指标都是孤立的，任何不具有可比性的指标都是静止的，孤立的或静止的指标设置都会影响评价结果的合理性和权威性。

（四）公开性与反馈性相结合

专项资金绩效评价体系的形成应坚持公开、透明原则。服务受众应知晓相关评价流程和决策过程，这一方面满足社会监督权的相关要求；另一方面提高服务提供方的服务决策透明度，以便为服务对象提供更为便捷的参与评价渠道。鼓励社会受众参与评价工作，及时将评价过程和可能结果反馈给有关部门，进一步提高评价结果的效度与信度。

第四节　多层次评价指标体系构建

一、绩效目标的层级结构和内容

（一）战略目标

战略目标是预算目标管理的最高目标期望值，包括财政目标行动的预期结果、财政目标的具体化，以及财政责任的明确与确定。

（二）绩效目标

绩效目标是对战略目标的分解，具体包括：绩效内涵，即绩效目标的主要组成部分；绩效指标，即绩效目标的完成程度；绩效准则，即对绩效目标评估的标准。

（三）绩效指标

绩效指标是对绩效目标的进一步细化，包括：期望产量，例如公众生产和社会服务的产品数量；期望效益，例如经济、社会、环境的效益以及可持续影响；成本投入，即超过期望所产出的资源耗费；服务对象以及项目受益人的满足程度。

（四）财政项目支出的绩效目标构成

绩效目标分为总体目标、阶段性目标、目标分析（绩效维度）、业绩指标和绩效标准（目标值）五层内容（见图5-2）。

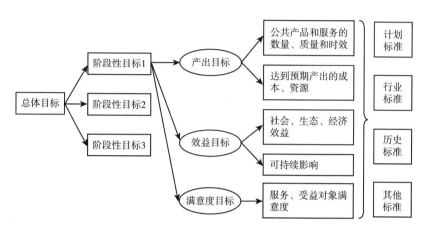

图5-2 预算绩效目标的五层内容

（五）绩效目标的内容

1. 绩效维度。绩效维度是指在哪些方面考察项目的整体业绩，根据逻辑分析法的基本原理，业绩目标的层次可包括投资目标、产出目标、结果目标和影响力目标。

2. 绩效指标。绩效指标是绩效指标的具体内容，是对业绩指标的分解与细化，具体是反映企业投资、产出、经营效率以及社会受益的满足度等绩效指标。

3. 绩效标准。业绩标准即为目标值，是指项目任务具体实现的业绩要求。绩效准则的制定，进一步明确了企业绩效评价的依据。

绩效目标申报表参考模板如表5-6所示。

表 5 - 6 　　　　　　　　　　　绩效目标申报（项目支出）

项目绩效目标	项目总体目标（20××~20××年）		年度总体目标	
	一级指标	二级指标	三级指标	年度指标值
绩效指标	产出指标	数量指标	指标1：	
			指标2：	
			……	
		质量指标	指标1：	
			指标2：	
			……	
		时效指标	指标1：	
			指标2：	
			……	
		成本指标	指标1：	
			指标2：	
			……	
	效益指标	经济效益指标	指标1：	
			指标2：	
			……	
		社会效益指标	指标1：	
			指标2：	
			……	
		生态效益指标	指标1：	
			指标2：	
			……	
		可持续影响指标	指标1：	
			指标2：	
			……	
	满意度指标	服务对象满意度指标	指标1：	
			指标2：	
			……	

二、绩效目标编制策略

（一）策略一：绩效目标的定位与提炼

在对绩效目标进行定位与提炼时可参考以下资料。

1. 应当符合国家和地区相关法律、法规和规章制度。

2. 国家或地区《国民经济和社会发展规划》。

3. 部门（事业发展）中长期发展规划——战略目标。

4. 部门的中期财务计划、财务中期报告和年度预算管理的规定。

5. 部门的年度项目方案及工作计划。

6. 部门职能及部门年度预算要求。

7. 项目要求（相关历史数据、行业标准、计划标准等）。

绩效目标如图 5 - 3 所示。

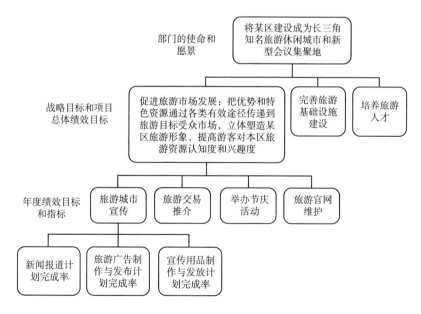

图 5 - 3　绩效目标

（二）策略二：遵循绩效目标的 SMART 原则

1. SMART 原则的内容如下。

（1）S（specific）：明确性。

（2）M（measurable）：可衡量性。

（3）A（attainable）：可及性（即目标的可实现性，但还要适当考量目标的发展性和挑战性）。

（4）R（relevant）：相关性。具体包括以下内容。

多重性：公共价值的实现水平程度需要采用定性和定量相结合的评价指标，全方位地体现其对国民经济、社会、政治、生态等效果。

相匹配性：总体目标与部门战略、工作职责和项目执行内容相匹配；总体目标与计划相配套；目标与指标相配套。

（5）T（time-based）：目标要有时限性。

2. 绩效目标设计原则的内容一般包括以下四项。

（1）指向明确。绩效目标要满足国民经济与社会发展计划、政府机关职能和各项事业发展计划等需要，并与具体的计划支出内容、范围、方向、效益等密切关联。

（2）细化量化。业绩目标必须在产品总量、品质、成本、生产时间，以及经济性、社会效益、生态效益、可持续影响、社会满意度等方面加以细分，并尽量进行定量描述。对于无法以定量形式描述的，也可以采取定性描述，并须具备可测量特性。

（3）合理可行。制订绩效目标时要进行大量调查和科学论证，遵循客观实际，才可以在规定期限内达到。

（4）相应匹配。绩效目标要与规划阶段的总任务数或计划数相对应，与计划中确定的投资额及资金量相符。

（三）策略三：准确表达绩效目标。绩效目标一般包括以下要素

（1）时间。计划的经常性支出一般以财政年度为周期，有关专项则必须

按照计划的执行周期来提出任务。

（2）预算。预算是指通过精细核算，为实现预定的业绩目标需要的公共经费、社会财政等。

（3）产出。产出是指对应的，所需要进行的具体项目和公共服务（包括产出的数量、质量和时效性）。

（4）效果。效果是指因服务的供给，所产生的社会、经济、环境等综合经济效益，以及对利益相关者的社会评价等。

具体说法：政府应在（某时间）—用（多少金额的费用）来（执行某行动/活动）—实现（某效果、效益）。

（四）策略四：绩效目标值的科学测算

（1）计划标准。计划目标，是指根据预定提出的任务、方案、计划、定额和数据，根据规划和计划分解测算。

（2）行业标准。行业标准，是指国家公布的行业内指标数据等，适用于有明确行业标准的目标。

①对于历年数据稳定分布的，则可选择平均值法或极值法；②历年指标明显增加或减少的，可选择趋势分析法（回归分析法）或极值分析法。

（3）历史标准。历史标准，是指同类指标的历史统计，应用于经常性项目的纵向历史统计可比性的基本目标。包括中国历史平均数及极值、年均增长率等。

（4）横向比较。横向对比是将相似地区或同类项目相对比较，应用于有横向数据可比性的目标。

（5）标杆值。标杆值是用相对极值进行比较。

（6）预算同变。计划相同变化是指目标与原计划同比的变化，适用于"投入"及"产出"类目标。

三、绩效目标评审的主要内容

绩效目标评审的主要内容如表5-7所示。

表 5 - 7   绩效目标评审的主要内容

审核内容	审核要点	审核意见	
一、完整性审核			
规范完整性	绩效目标填报格式是否规范，内容是否完整、准确、翔实，是否无缺项、错项	优□	良□
		中□	差□
明确清晰性	绩效目标是否明确、清晰，是否能够反映项目主要情况，是否对项目预期产出和效果进行了充分、恰当的描述	优□	良□
		中□	差□
二、相关性审核			
巨标相关性	总体目标是否符合国家法律法规、国民经济和社会发展规划要求，与本部门（单位）职能、发展规划和工作计划是否密切相关	优□	良□
		中□	差□
指标科学性	绩效指标是否全面、充分、细化、量化，难以量化的，定性描述是否充分、具体；是否选取了最能体现总体目标实现程度的关键指标并明确了具体指标值	优□	良□
		中□	差□
三、适当性审核			
绩效合理性	预期绩效是否显著，是否能够体现实际产出和效果的明显改善；是否符合行业正常水平或事业发展规律；与其他同类项目相比，预期绩效是否合理	优□	良□
		中□	差□
资金匹配性	绩效目标与项目资金量、使用方向等是否匹配，在既定资金规模下，绩效目标是否过高或过低；或要完成既定绩效目标，资金规模是否过大或过小	优□	良□
		中□	差□
四、可行性审核			
实现可能性	绩效目标是否经过充分调查研究、论证和合理测算，实现的可能性是否充分	优□	良□
		中□	差□
条件充分性	项目实施方案是否合理，项目实施单位的组织实施能力和条件是否充分，内部控制是否规范，管理制度是否健全	优□	良□
		中□	差□

第五节　指标权重设置

一、绩效评价指标的基本概念和基本原则

（一）绩效评价指标的基本概念

绩效评价指标，是指评价业绩目标完成程度的考评工具。业绩指标是业

绩目标的细化与定量表述。

（二）确定绩效评价指标应遵循的基本原则

1. 相关性原则。绩效指标必须与评估目标紧密联系，与业绩目标有直接的联系，才能正确反映目标的完成情况。

2. 重要性原则。必须优先采用最有考核目标意义、最能直观体现产出的价值、最能体现考核特点的关键数据。

3. 可比性原则。对同一评估对象要选择共性的绩效评价指标和标准，以便评估结果的交叉对比。指标上尽可能选择相对比值，但不要绝对值；指标含义必须清楚、具体、可测量；指标的取数方法及计量口径应当清晰一致；数据和佐证资料也必须可采集、可获取。

4. 系统性原则。应当坚持定量分析指标和定量分析统计结合，以综合体系评价政府经济支出所产生的经济社会增长效应、经济价值、环境保护效应，包括可继续增长影响。

5. 经济性原则（可得性、非重复性）。应充分考虑获得数据信息的实际情况和有效性，防止体现同一个业绩的数据被反复使用。指标应通俗易懂、简便易行、简便适用，并遵循成本效率原理。

6. 稳定性和前瞻性相结合原则。为了保证指标体系的纵向可比性，指标体系一方面要保证一定的长期稳定性；另一方面要逐渐纳入前瞻性指标，以体现业绩导向。

二、绩效评价指标分类

（一）共性指标和个性指标

1. 共性指标。共性指标是应用于各种评估对象的综合指标，重点包括：政府预算编制与实施状况，企业财务情况，公司资产分配、运用、处理以及收益管理的状况，及其社会效益、经济性等。

2. 个性指标。个性指标是根据预算部门或项目特性而设计的，应用于各个预算部门或项目的绩效评估指标，主要分为产出、效果类指标等。

（二）"4E" 指标

1. 经济性（economy）。经济性指标主要关注支出是否具有节约性，支出是否产生经济效益，经济效益是否能够可靠计量。

2. 效率性（efficiency）。效率性指标主要关注预算资金投入和产出的关系。

3. 效益性（effectiveness）。效益性指标主要关注预算支出产生的经济效益、环境效益、社会和政治效益等预期目标。

4. 公平性（equality）。公平性指标主要关注预算申报、审批和支出程序、标准和内容上的公平性，重点掌握预算支出是否属于公共财政保障的范围。

（三）过程性指标和结果性指标

1. 过程性指标，指以行为过程为指向，并带有手段与效果等意义的指标。

2. 结果性指标，指以行为结果为指向，并带有目的与效果意义的指标。

三、绩效评价指标设计框架

评价指标体系中各种彼此相关的评估指标体系，形成了一个多级递阶层次结构。

1. 一级指标，又称为指标维度。层次是对评估对象、类别的区分，确定了评价的基本方面。由于采用维度划分，能够使评估层次更为条理化，评价富有可比性。

2. 二级指标，又称为基础指标。即指标内涵、中间阶段技术指标，是评价手段的表现。它是层次的综合载体和外在表现，必须按照项目的类型、特征、相关性和隶属性加以编制。

3. 三级指标，又称为指标要素。即所谓具体指标，是评估内容的真实性和具体表现，因而必须加以定量考核。

财政支出绩效评价指标体系结构如图5－4所示。

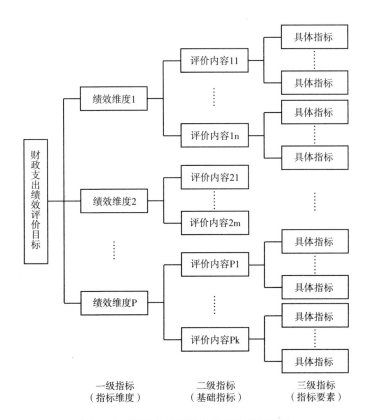

图5－4　财政支出绩效评价指标体系结构

绩效评价指标的要素构成如表5－8所示。

表5－8　　　　　　　　　　**绩效评价指标的要素构成**

指标要素	要素解释
1. 指标名称	简明而无歧义的评价技术指标产品名称
2. 指标解释	对指标所考察的内容进行解释
3. 权重	指标的相对重要程度

指标要素	要素解释
4. 目标值	指标应该达到的目标水平
5. 业绩值计算公式	指标实际取得绩效情况的计算方法
6. 评分规则	评价准则根据完成绩效值和目标值，对两者的不同状况设定相应的准则进行评价

四、绩效评价指标体系设计原理

（一）PART 法

PART 设计宗旨和假设在于：任何的国家财政预算项目的成果都是可以衡量的，同时也是可改进的。PART 主要使用一套标准化的调研问卷完成任务，由以下四个部分构成。

1. 项目的设计和目标（program purpose & design），用于判断的方案和目的是否清晰和合理。

2. 战略规划（strategic planning），用于评价项目是否提出了中期/年度政策和任务。

3. 项目管理情况（program management），负责考核企业的财务管理情况和完善办法。

4. 项目结果与绩效（program results & accountability），通过战略规划以及其他评价方法，考核达到目标的项目业绩。根据各个项目的业绩和管理状况，PART 设置了大概 30 个问题，对每个问题都需要有简短的答案以及对有关资料支持的详尽说明，以体现项目的实际完成情况以及有关资料的完整真实性。然后根据问题解答并且根据权重，对各个项目业绩和管理状况进行了评估，以便为企业改善管理工作提供帮助。

（二）平衡计分卡法

平衡计分卡起源于 20 世纪 90 年代初美国有关评价公司运营业绩财

务管理与非企业指标体系的研究。平衡计分卡提供了一套全新的企业评价体系，它们透过从财务管理、客户、内在流程及其学会成熟四大方面视角，向组织内部各层次的员工传达了企业组织的战略目标和在每个过程中员工各自的责任，并最终协助企业组织实现其总体目标。其内在的基本逻辑是，企业组织的目标决定着企业组织的发展战略与美好理想，而企业组织的发展战略又能够划分为财务管理、客户、学会和成熟及其内在流程四大层次的目标。这四个层面并非孤立的概念，都源于企业组织人员的未来发展策略与美好理想，并彼此相互联系形成了一种均衡体系。不仅涉及四大层次，即长期经济发展（战略性管理）和近期发展目标（管理）、内外工作压力（内外员工）和内在需要（内在员工）相互之间的均衡，而且注重企业组织未来发展的财务指标和非财务指标、动机（前置）指标和成果（落后）指标、定性指标与定性指标相互之间的均衡。

（三）逻辑分析法

逻辑分析法又称为逻辑建模或逻辑推理法，是指借助于数据分析，利用逻辑推导思想，探索投资（inputs）、社会活动（activities）、输出（outputs）、成果（outcomes）和产生因素（impacts）等诸要素相互之间的联系，从而寻找使用时间和产生效益相互之间的内在联系。

采用"if…then…"（如果那么）的逻辑思路来辨析事物相互之间的逻辑关联，从剖析一种社会组织、一种经济政策或项目管理的历史背景出发，继而剖析他们通常运作的假定前提条件，而后再明确所要实现的目标或目的，透过对投资、输出、预期的成果（desired outcomes）、因素和变动（changes）的逻辑关联进行剖析，来发现事物间的相互关系和动态联系，并以此为基准判断权益相关者的权力、社会权责和社会义务。这为制订员工计划、提高业绩等活动打下了基础。

五、如何确定指标权重

（一）指标权重的概念

指标权重是一种相对的概念，某一个指标的确定反映了这个指标在企业整体考核中的比较重要意义，因此，指标权重的确立既是对业绩水平的衡量过程，又是对业绩目标的选择过程。

（二）确定指标权重的原则

确定产品指标权重应当按照重要性原则，权重要突出评价的关键，并坚持"结果导向"，原则上产量、经济效益等指标权重比例不得小于60%。重要性原则一般情况下主要以各项支出金额占全部项目资金的比重作为参考进行确定。

一类、二类指标权重不得修订，而三类指标则应按照指标重要程度、项目的执行阶段等因素综合确定。按照项目开展的实际状况，可以调整三级指标权重并设置四级或五级明细指标。

（三）确定指标权重的常用方法

1. 专家调查法，也称德尔菲法（Delphi）。即在 20 世纪 60 年代初期，由美国兰德集团的专家们为了防止因集体争论而产生的屈从于权力或盲目服从大多数人的问题，所给出的一个定性估计方案。具体如下。

（1）选定专家，给出具体赋权条件，并确定权的归一性；

（2）由各专家对各项技术指标进行评分，并给指标赋权；

（3）汇总了各位专家的赋权情况，并把成果反映给社会各方面；

（4）由专家委员会依据反馈的建议调整了其初次赋权结果；

（5）重复"反馈"与"修改"，直至获得符合要求的精度；

（6）以各专家最终赋权值的平均数为组合权重结果。

2. 层次分析法（AHP）。具体如下。

（1）建构指标体系的递阶层次结构；

（2）建立总目标为上层元素 A 和下层元素 B1，B2，…，Bn 的二十二判别矩阵，让专家为判别矩阵赋值（一般采用 1~9 比率标度法）；

（3）计算层次因素单排序值；

（4）一致性检验；

（5）建立在 B 层中各元素与其下元素在 C 间的二十二判断矩阵中，并进行上述（3）、（4）步骤（如果 C 还有下层元素，则按照上述方法继续）；

（6）按层次的排序，计算各层次指标的综合权重；

（7）层次总排序的一致性检验。

3. 经验分配法。在实际操作中，评价权重比例分配问题往往是基于经验和对评估指标所代表的社会价值而作出评估的，因此，即便经过了专家论证，也具有相当程度上的主观随意性。

财务主管部门还提供了权重比例分配方式的经验性方法，以统一规范各个财务支出服务项目（对象）与指标体系框架之间的权重关系配比与结构。

六、如何制定评价标准

考核指标是判断考核结果的基本尺度，是评估员工能力的重要基础。评价准则分为标杆值与评分准则两个方面。

（一）标杆值

1. 计划标准。以组织在未来一定时期内应达到的综合效果和达成效果的标杆值的设置依据。资金也是保证组织目标的重要财务保证。因为财政支出是受计划制约的，而编制的计划和总体目标又与计划需要互相配合，在制订规划时必须充分考虑计划要求，而总体目标既不可过高，又不可过低，要在计划约束的情况下达到经济效益最佳。

2. 行业标准。即该行业所采取的一些建设标准或水平要求。例如运维经费的占比指标，10%～20%即为中国软件开发业界比较通用的标准值。

3. 历史标准。选定过去年代（可按照统计获得量和指标特性选定几个不同的过去年代）的指标水平与变化设置准则。

4. 通用标准。取值范围在0～100%，该类标准适合于部分管理类和部分生产技术类指标。例如专款专用率就要求100%，而财务违规操作事故的发生标杆值则是零。

（二）评分准则

评分准则指主要通过和标准值对比的方法，对每一个指标作出个性化考虑，并选取最符合指标属性的合理评分区域和扣分区间。

1. 以极值为满分的指标。例如"预算执行率""配套资金到位率""满意度"等，用线性函数评分。

2. 合规性指标。遵从[0，1]规制评分，例如"资金使用合规性""重大安全事故发生起数"等。

3. 合理性、制度健全性、规范性等定性指标。例如，对要素权重比例打分［按照应该有的制度规范或者关键条件（要素）数量，全部具备得满分，缺少几个扣减相应权重比例分］；区间打分［根据指标完成情况分为三档，分别按照该指标对应分值区间100%～80%（含）、80%～60%（含）、60%～0合理确定得分］。

4. 产出指标。鉴于公共资源的局限性，即使达到不少目标数的也要分析原因，应予以扣分。数量指标以实现计划总体目标得满分，每低1单位或超出相应区间的范围内扣除相应权重分；品质要求以按计划要求完成目标得满分，每低1单位扣减相应权重分。

5. 效果类指标。具有清晰行业标准的指标，并根据正态分布原理设定了评价准则。对提高（降低）类的发展型指标，还可采取两部评分办法，即先与历史水平以及横向参考对象比较，例如持平则给相应的基础分数，再按变动幅度分配剩余权重得分。

不同评分类型对应的评分规则如表5-9所示。

表 5 - 9　　　　　　　　　　**不同评分类型对应的评分规则**

评分类型	评分规则
历史线性	先确定一个基期，将当期业绩值与基期业绩值进行比较，如该指标具有正向性，则当期业绩值低于基期值不得分，等于基期值得一定比重的权重分，每超过 1 单位增加一定比例的权重分，直到满分为止；如指标具有负向性，则相反
普通线性	业绩值达到目标值或者在目标值的区间范围内得满分，当业绩值偏离目标值区间的边界值时，每偏离 1 单位扣除一定比例的权重分，偏离超过某个临界值时不得分
分段折线	业绩值达到目标值或者在目标值的区间范围内得满分，当业绩值偏离目标值区间的边界值时，将偏离目标值的区间划分为若干部分，实行累进制扣分
要素判断	适用于加权合计类型的业绩值，得分等于业绩值占目标值的比重乘以权重分
区间判断	适用于定性指标，根据指标完成情况分为达成年度指标、部分达成年度指标并具有一定效果、未达成年度指标且效果较差三档，分别按照对应分值区间 100% ～ 80%（含）、80% ～ 60%（含）、60% ～ 0 合理确定分值
关键事件	业绩值类型为关键事件的发生数，当发生数达到目标值时得满分，偏离时根据偏离程度进行相应扣分

七、项目绩效后评价指标体系

制定的政策和项目绩效评价指标体系必须满足下列条件：与评估目标紧密联系，全方位体现项目政策、计划和经费控制、产出与绩效；优先选择最有特色、最能直观体现产出与绩效的核心项目，精简实用；目标内容必须清楚、具体、可评价，信息和佐证材料必须可收集、可获取；同类工作绩效评价方法和要求必须具备统一性，有利于考核成果交叉评价。

财政部门评估指标体系的权重按照各类指标体系在评估系统中的重要性程度确定，但必须突出成果导向，原则上产出、绩效指标体系权重均不得小于 60%。同一评估对象处在不同执行阶段时，指标权重则表现不同，其中，执行阶段的评估更强调策略、流程和产出，执行期终结后的评估更为强调产出和效率。

项目支出绩效评价指标体系框架参考模板如表 5 - 10 所示。

表 5 – 10　　　　　　　　　　　**项目支出绩效评价指标体系框架**

一级指标	二级指标	三级指标	指标解释	指标说明
决策管理	项目立项	立项依据充分性	项目立项是否符合法律法规、相关政策、发展规划以及部门职责要求，用以反映和考核项目立项依据情况	评价要点： ①项目立项是否符合国家法律法规、国民经济发展规划和相关政策规定； ②项目立项是否符合行业发展规划和政策要求； ③项目立项是否与部门职责范围相符，属于部门履职所需； ④项目是否属于公共财政支持范围，是否符合中央、地方事权支出责任划分原则； ⑤项目是否与相关部门同类项目或部门内部相关项目重复
		立项程序规范性	项目申请、设立过程是否符合相关要求，用以反映和考核项目立项的规范情况	评价要点： ①项目是否按照规定的程序申请设立； ②审批文件、材料是否符合相关要求； ③事前是否已经过必要的可行性研究、专家论证、风险评估、绩效评估、集体决策
	绩效目标	绩效目标合理性	项目所设定的绩效目标是否依据充分，是否符合客观实际，用以反映和考核项目绩效目标与项目实施的相符情况	评价要点： （如未设定预算绩效目标，也可考核其他工作任务目标） ①项目是否有绩效目标； ②项目绩效目标与实际工作内容是否具有相关性； ③项目预期产出效益和效果是否符合正常的业绩水平； ④是否与预算确定的项目投资额或资金量相匹配
		绩效指标明确性	依据绩效目标设定的绩效指标是否清晰、细化、可衡量等，用以反映和考核项目绩效目标的明细化情况	评价要点： ①是否将项目绩效目标细化分解为具体的绩效指标； ②是否通过清晰、可衡量的指标值予以体现； ③是否与项目目标任务数或计划数相对应
	资金投入	预算编制科学性	项目预算编制是否经过科学论证、有明确标准，资金额度与年度目标是否相适应，用以反映和考核项目预算编制的科学性、合理性情况	评价要点： ①预算编制是否经过科学论证； ②预算内容与项目内容是否匹配； ③预算额度测算依据是否充分，是否按照标准编制； ④预算确定的项目投资额或资金量是否与工作任务相匹配

续表

一级指标	二级指标	三级指标	指标解释	指标说明
决策管理	资金投入	资金分配合理性	项目预算资金分配是否有测算依据，与补助单位或地方实际是否相适应，用以反映和考核项目预算资金分配的科学性、合理性情况	评价要点： ①预算资金分配依据是否充分； ②资金分配额度是否合理，与项目单位或地方实际是否相适应
过程管理	资金管理	资金到位率	指实际到位资金与预算资金的比率，用以反映和考核资金落实情况对项目实施的总体保障程度	资金到位率 =（实际到位资金/预算资金）×100% 实际到位资金：一定时期（本年度或项目期）内落实到具体项目的资金； 预算资金：一定时期（本年度或项目期）内预算安排到具体项目的资金
		预算执行率	项目预算资金是否按照计划执行，用以反映或考核项目预算执行情况	预算执行率 =（实际支出资金/实际到位资金）×100% 实际支出资金：一定时期（本年度或项目期）内项目实际拨付的资金
		资金使用合规性	项目资金使用是否符合相关的财务管理制度规定，用以反映和考核项目资金的规范运行情况	评价要点： ①是否符合国家财经法规和财务管理制度以及有关专项资金管理办法的规定； ②资金的拨付是否有完整的审批程序和手续； ③是否符合项目预算批复或合同规定的用途； ④是否存在截留、挤占、挪用、虚列支出等情况
	组织实施	管理制度健全性	项目实施单位的财务和业务管理制度是否健全，用以反映和考核财务和业务管理制度对项目顺利实施的保障情况	评价要点： ①是否已制定或具有相应的财务和业务管理制度； ②财务和业务管理制度是否合法、合规、完整
		制度执行有效性	项目实施是否符合相关管理规定，用以反映和考核相关管理制度的有效执行情况	评价要点： ①是否遵守相关法律法规和相关管理规定； ②项目调整及支出调整手续是否完备； ③项目合同书、验收报告、技术鉴定等资料是否齐全并及时归档； ④项目实施的人员条件、场地设备、信息支撑等是否落实到位

续表

一级指标	二级指标	三级指标	指标解释	指标说明
产出管理	产出数量	实际完成率	项目实施的实际产出数与计划产出数的比率，用以反映和考核项目产出数量目标的实现程度	实际完成率 =（实际产出数/计划产出数）×100% 实际产出数：一定时期（本年度或项目期）内项目实际产出的产品或提供的服务数量； 计划产出数：项目绩效目标确定的在一定时期（本年度或项目期）内计划产出的产品或提供的服务数量
	产出质量	质量达标率	指项目完成的质量达标产出数与实际产出数的比率，用以反映和考核项目产出质量目标的实现程度	质量达标率 =（质量达标产出数/实际产出数）×100% 质量达标产出数：一定时期（本年度或项目期）内实际达到既定质量标准的产品或服务数量。既定质量标准是指项目实施单位设立绩效目标时依据计划标准、行业标准、历史标准或其他标准而设定的绩效指标值
	产出时效	完成及时性	指项目实际完成时间与计划完成时间的比较，用以反映和考核项目产出时效目标的实现程度	实际完成时间：项目实施单位完成该项目实际所耗用的时间； 计划完成时间：按照项目实施计划或相关规定完成该项目所需的时间
	产出成本	成本节约率	指完成项目计划工作目标的实际节约成本与计划成本的比率，用以反映和考核项目的成本节约程度	成本节约率 =［（计划成本 - 实际成本）/计划成本］×100% 实际成本：项目实施单位如期、保质、保量完成既定工作目标实际所耗费的支出； 计划成本：项目实施单位为完成工作目标计划安排的支出，一般以项目预算为参考
效益管理	项目效益	实施效益	指项目实施所产生的效益	项目实施所产生的社会效益、经济效益、生态效益、可持续影响等。可根据项目实际情况有选择地设置和细化
		满意度	指社会公众或服务对象对项目实施效果的满意程度	社会公众或服务对象是指因该项目实施而受到影响的部门（单位）、群体或个人。一般采取社会调查的方式

第六章

专项资金绩效评价标准研究

第一节　专项资金绩效评价标准概述

一、专项资金绩效评价标准的基本内涵

标准是度量真实东西的尺度和准绳。专项资金绩效评价标准，是指一个标准样本数据，该数据是以一定量的有效样品为基准，通过运用统计的有关原理对评价行为进行预测与分类后所得到的。基准样本数据通过测量具体评估对象的强弱、优劣、强弱程度等信息特点给出数据度量。这一数据衡量，技术方式、数据口径、范围多种多样，而仅选择单个标准极易造成评估结论偏向主观，需要评价者依据评估目标与评估对象的差异来制定相应的评估准则。

二、专项资金绩效评价标准的意义

与会计准则有所不同的是，评估准则只是评价指标的客观依据，而不是对评估活动自身作出引导和规定。它作为评价准则，最基本的存在含义就是一种标准，是政府评价专项资金业绩的基本准绳，是政府进行财务行为监督

检查的客观依据，同时也为保证评价结论的客观公正性提供了基本尺度。

（一）评价标准是衡量专项资金绩效的基本准绳

在市场经济环境下，财政支出追求的绩效目标，一方面要求财政支出必须从整个社会效益出发，突出社会发展的公平目标，有效协调社会发展中的公平分配问题；另一方面要求从资源配置效率的角度考虑机会成本问题，对财政支出进行成本效益核算，探索科学的管理模式，提高公共品和公共服务的供给效率。必须变革和扩展财政的理财空间，建立和调整合理有效的财政支出结构，使有限资源发挥最大配置效率。通过评价财政绩效，准确分析影响因素，科学预测发展趋势，并透过复杂的现象，揭示内在联系，对评价过程作出科学描述。科学正确的评价准则，是评价体系的主要部分。通过与评估标准的对比，能够让评价者客观地分析出政府财政支出规模是不是合理，支出构成比例是不是合理以及政府执行成效是不是突出，以便合理进行财政政策与财政支出绩效的计量化，为政府投资决策提供了重要依据。

（二）评价标准是判断专项资金绩效的客观依据

在预算控制中，由于社会各方增加了预算资本的使用，使当局需要进一步增加预算规模；但是，开支范围的逐渐增加，使财政收支不均衡的问题越来越大，当局必须反向控制开支范围的逐步增加。因此，这一矛盾促使政府进一步建立和规范预算资金的支出程序。双边博弈之下，才基本保证了预算资金规模的合理和适度。但是，对支出的管理，使政府常常处于"尴尬"境地，难以建立和维系质量控制程序。国外大多数国家倾向于并已经考虑和实施了预算资金绩效评价，而非一味地控制或扩大规模。建立专项资金绩效评价标准体系，正是基于对支出管理控制适度的考虑，建立一套决策有效的评价标准体系，有助于资金有效分配。因此，客观公平的预算资金绩效评价标准对判断、监督支出质量具有不可忽视的意义，是判断专项资金绩效的客观依据。

（三）评价尺度，是保证评价结论客观公允的根本标准

评价标准是依托大量有效、合理的基础数据样本，依靠先进的计算机技术，通过合适的模型和计算，充分考虑引起样本差异的因素，进行技术调整后测算出来的，其数据特征客观公正地反映了评价指标的整体概况及结构分布。通过评价标准的设定，可以对财政支出行为的经济性和有效性进行客观、公正和准确的评价，并能揭示财政预算在相关领域、相关行业所起的作用和影响。评价准则的合理取值，关乎着最终评价结论的好坏、利弊，在整个评价体系中至关重要。在具体评价行为中，评价标准提供了可能达到的绩效区间，评价者可以清晰判断财政支出政策所达到的效果、实现的绩效水平所处的位置及与国际和国内优秀水平的差距。

第二节　专项资金绩效评价标准分类

评价标准是专项资金绩效评价机制的基本要件之一，财政预算是以一定量的有效样本为数据基础，应用数理统计原理进行分析而得出的标准样本数据。评估标准是评价国家财政开支绩效目标的基础准绳，通过对绩效目标实现结果和评估标准的对比，能够全面客观地分析国家财政支出规模是否合理、支出结构是否合理以及政策执行成效是否突出，为政府投资决策提供了重要依据。因此，评价标准的科学性与合理性，直接影响专项资金绩效评价的效果。

一、专项资金绩效评价标准种类属性

通常，政府专项资金绩效考核评价标准依据可测量性，可分为界定准则与界定准则。定量标准与定性标准依据规范的取值基本有所不同，又可分为技术标准、规划规范、历史标准、经验准则四大类。另外，尚有企业标准、

地方政府准则、民间组织准则、社会公众准则等。

（一）行业标准

行业标准，是指在行业区域内按照统一要求使用数理统计方式测算并建立的，以某个行业或许多群体的有关指标数量为样本的统一标准。行业标准在相当程度上也有着广泛的认可度，尤其是在财务绩效评价的行业标准中尤其明显。

1. 行业标准的意义。行业标准为加强政府预算投资监督管理提出的科学规范。财政部门通过对各种支出项目的经营绩效管理水平进行了广泛的分析对比，总结出在相当时间内同一支出项目所取得的最高经营效率以及有效管理水平，为完善政府资金管理政策提供了合理依据，进而形成科学标准。

2. 行业标准的适用。行业标准应用于部门单位成本评估或者专项成本评估，或作为标准部分被用作综合评估。在开展单位成本评估工作时，由于行业标准存在着一定的局限，通常仅应用于职能目标一致的单元中存在着同一或相似财政支出的项目。

3. 行业标准受限因素。长期以来，我国财政管理数据库建设进程较慢，缺乏与绩效评价相关的评价指标数据，不利于评价工作的有效实施。以强大的数据资料库作支撑，才能得到确定和最大可能的功能发挥的行业标准实施。

（二）计划标准

相比行业标准，计划标准更具灵活性或弹性。这一准则将更多反映在实施绩效考核前的经济预测中，并将实现计划的目标、规划、估算、定额等预期数据成为评估政府财政开支绩效的重要准则，可根据实际情况进行局部准备的修正。

1. 计划标准的基本特性。一般来说，预算制度具有三种主要特点：其一，有很大的预测性，一般会在支出情况产生时进行制定，事中可能微调；其二，具备相当的拔高，通常超出某个领域、项目或机构当前的费用绩效标准；其三，具备弹性，计划目标会由于费用行为所处时期的差异而出现不同。

2. 计划标准的原理。通过将实际任务完成值和预期数值进行比较，以找到差距并实现评价目的。计划标准可以作为参照，在差异改进方面有所作为。

3. 计划标准的适用。计划标准一般适用于部门评价和项目评价。因职能不同和资金使用目的不同，部门之间的计划标准缺乏可比性；同时，由于现阶段部门预算仍然采用"基数加增长"的模式制定，使计划标准带有较大的随意性。鉴于此，采取以"零基预算"为基础的计划标准显得更加科学合理。

（三）历史标准

历史标准，是以本区域、本部门、本单位、本工程项目，以及同类机关、单位、工程项目的综合绩效评价指标体系的历史数据为样本，利用相应的统计方式测算出的各项指标的平均历史水准。

1. 历史标准的内容。历史标准，可以是指某一地方政府、部门、单位或项目在过去所产生或出现的某个社会历史数字，例如上年真实数字、上年同期数字、历史最佳水准等。

2. 历史标准的适用与限制因素。因为历史评价有很大的客观性和权威性，所以实际操作中得以应用。必须注意的是，采用历史指标的主要前提是其研究目标所在的条件和历史评价所包含的那一时期的条件大致相同。一旦情况出现了很大变动甚至出现不平衡，就不适合使用历史指标进行考核。实际使用时也要根据历史指标加以适时调整与优化，特别要注重剔除物价波动、信息计算口径不统一以及考核方式变化而产生的不可比影响，以确保历史指标的客观真实。

（四）经验标准

经验标准是指基于长期的财务经营活动发展规律与财务管理实际，经由在财务管理领域中具有丰富经验的专家与学者，在进行严格分类研讨之后所确定的相关指标及惯例。

经验标准具备较强的公允性与权威性，在政府专项资金绩效考核中也有着相当的应用价值，但是由于这种经验标准可能仅适用于一个发展中国家，或是在具体情况相似的若干发展中国家。因此，这种标准更适合于在缺少同行对比资料，特别是没有行业经验标准时的政府绩效考核。即使两个国际标准都能够一起采用，在技术标准中没有经验标准的权威性较高时，为了确保评估结论受到评价对象和社会公众的广泛接受，就必须选用经验标准而不是技术标准。因此，由于并非所有的经验国际标准都能够采用，所以经验国际标准的适用性也相当局限。

绩效评价时要尽量选用国家计划规范、行业标准和地方规范，及国家财政部门和政府有关行业管理部门所规定项目达到的有关要求。经验方法应慎重选择，需引用时，要询问有关学者。

各个类型的准则的编制技术方式、数据口径、范围各有不同。根据国外和我国绩效考核试点经验：（1）针对不同的财政项目和不同的评估指标体系，需要制定不同类型的评估准则，不能使用一个类型的评估准则；（2）评价标准采取了固定标准、区域标准或划分方法标准等多种形式，比使用区域标准或划分方法标准更能起到推动和鼓励项目改善的绩效评价目的。也因此，在我国国有企业运营绩效评估中，考察公司整体获利能力的一个重要指标体系，常使用的即为划分方式指标。

二、专项资金绩效评价标准种类举例

【案例1】污染源在线建设及运行项目绩效评价指标

污染源在线建设及运行项目绩效评价指标，按性质可分为定性指标和能够取得标准值的定量指标，评价标准值采用固定标准，无法取得标准值的定量指标采用分档标准。

1. 固定标准。对于定性指标，评价标准值定为100。对于能够取得标准值的定量指标，根据指标具体情况，分别采用经验标准、计划标准、历史标准，如表 6 – 1 所示。

表 6 – 1 固定标准

指标	指标说明	评价标准
监控设备正常运行率	年实际运行时间/年扣除检修时间后的总时间	经验标准
建设目标完成率	实际新建、改建台（套）/计划新建、改建台（套）	计划标准
环境保护效果	可从节能减排与上一年度的比较数据（或排放量）等进行综合考评	历史标准

2. 分档标准。工业烟粉尘去除率、工业废水排放率、COD 排放率、SO_2 年排放率是国家在污染监控中需要考核的四项重要指标，都有计划标准（环保部门规定了达标标准）。通过调查取证发现一家达标，评价时考虑到环保的重要性以及考核力度，故没有采用绝对值指标，设计为相对值指标，即将四项指标设计为提高率，为无法直接获取标准值的指标。评价人员采用多档供销系数法计算上述四项指标值，故需要制定分档标准（见表 6 – 2），分档标准及各档分值由评价人员综合历年达标情况、可比城市目标年度完成情况并征求有关专家意见来确定。

表 6 – 2 分档标准

指标	分档				
工业烟粉尘去除率	每档标准值（%）	1.50	1.00	0.95	0.90
	每档分值	100	90	80	70
工业废水排放率	每档标准值（%）	0.100	0.095	0.090	0.085
	每档分值	100	90	80	70
COD 排放率	每档标准值（%）	3.5	3.0	2.5	2.0
	每档分值	100	90	80	70
SO_2 年排放率	每档标准值（%）	30	25	20	15
	每档分值	100	90	80	70

【案例 2】在武汉市县城垃圾处理绩效评价中，社会效益评估的前三个指标

1. 计划标准。垃圾的无害化处理率。武汉市人民政府在该评价年的工作报告中，明确提出"生活垃圾无害化处理率提高到 90%"的目标任务，而考核后这个指标的标准值也就定义为无害化处理率90%，它既实行的是国家政策目标，也可表现为区域目标。

2. 历史标准。

（1）分档标准。立即处理资源化提高率，这个指标既无规划准则，也无技术标准，评估结果采取了历史准则，即与上年的资源化利用率相比。同时考虑到武汉市对垃圾处理投资的实际发展状况和这项工作的积极推动，评估准则也采取了分档评价标准，如表6-3所示。

表6-3　　　　　　　武汉市城市垃圾处理绩效评价的分档标准

每档标准值（垃圾发电上网电量增长率）（%）	80	75	70	65	60	55	50
每档分值	100	95	90	75	80	75	70

（2）固定标准。垃圾处理减量化率，这个指标既无国家计划标准，又无行业标准，评价也采用了历史标准。制定办法时选择了与武汉市有相似性的六个同类县城，同年度的垃圾减量化度的平均值为同年度评价标准值。

【案例3】城乡居民养老保险定量指标评估标准值的选择，在养老保险项目绩效评价中，一般要求引进养老替代率（年养老金平均领取金额/当年居民平均纯收入）这一指标体系，它也是政府工作成效评估的关键指标之一。而关于养老替代率，中国目前没有统一规定标准，但国际上一般认为应该是50%，在评估时也可参照这一标准。根据评估地区的社会经济发展水平，并征询了有关专家意见，经过合理调整后确定了该指标的评估标准值。这里使用的即为经验标准（见表6-4）。

表6-4　　　　　　　城市居民养老保险定量指标评价的经验标准

二级指标	评价标准值	标准种类	选取依据
市级财政资金到位率（%）	100	计划标准	基金保障要求
中央财政资金转移支付到位率（%）	100	计划标准	基金保障要求
省级财政资金转移支付到位率（%）	100	计划标准	基金保障要求
人均缴费额（%）	400	计划标准	文件规定（有地区差异）
个人缴费补贴占全部财政补贴比率（%）	8.20	历史标准	考核现行结构变化

二级指标	评价标准值	标准种类	选取依据
基础养老支出占全部财政补贴比率（%）	91.80	历史标准	考核现行结构变化
市级财政补助支出率（%）	—	历史标准	考核现行结构变化
个人缴费实际补贴金额（元/人）	30	计划标准	文件规定
个人养老金支出实际补贴金额（元/人）	100	计划标准	文件规定
覆盖率（%）	100	计划标准	文件规定
参保率（%）	100	计划标准	文件规定
公示率（%）	100	计划标准	管理文件要求
个人账户建立率（%）	100	计划标准	管理文件要求
年审率（%）	100	计划标准	管理文件要求
建档率（%）	100	计划标准	管理文件要求
信息公开程度（%）	100	计划标准	管理文件要求
个人养老金实际领取率（%）	100	计划标准	文件规定
基金结余率（%）	25	历史标准	考核养老基金供给保障
养老金替代率（%）	50	经验标准	参照国际标准调整
物价影响系数（%）	80	经验标准	参照国内研究成果
收入影响系数（%）	80	经验标准	参照国内研究成果
GDP 影响系数（%）	80	经验标准	参照国内研究成果

第三节　专项资金绩效评价标准测定与选取

一、专项资金绩效评价标准设计的基本原则

专项资金绩效评价标准的制定直接关系到评价结果的合理性、权威性。为了更好地服务政府各部门、部门内部和整个政府，形成符合经济性、效率性和有效性的评价过程，发挥统一的度量作用，必须制定出高质量的专项资金绩效评价标准，把握好标准设定的四项基本原则：客观公平原则、定量与定性标准相结合原则、依指标设定原则以及灵活性原则。

(一) 客观公平原则

客观公平原则不仅是制定评价标准时必须把握的首要原则，而且是在测定标准值和设定定性标准时需要先考虑的原则。为了确保标准差在实施时的客观公正性，同时也提高了标准差的可行性与科学性，标准差的制定者既要考虑测量样品的时效性，也要考虑测量样品选择的规模性。

(二) 将定量和定性标准相结合原则

在实际评价过程中，如经济效益状况，可以直接用定量标准来衡量；例如财政支出对社会环境的影响，难以用定量标准进行衡量。定量标准有其自身的局限性，抽取少数样本测算出的标准不具有公允性。而定性标准的局限性在于评分过于依赖评分者，评分标准各不相同，所代表的主观性存在差异。因此，单纯依赖定性或定量标准来评价，势必会影响评价结果的公正性，应将定性标准和定量标准结合起来设定评价标准。

(三) 依指标设定原则

专项资金绩效评价标准依托指标体系而设定，是为指标量身定做的。例如在测定医院的绩效评价标准时，指标体系设定了政策性指标、经济效益指标和社会效益指标三大类，测定标准人员就可以依据财政部门已有全国行政事业单位统计资料，按照给定的指标，综合采用统计学的相关方法测算出各档次的平均值。因此，在专门资金评价指标和评价制度之间，具有相互依存的联系。

(四) 灵活性原则

专项资金绩效考核规范的出台往往反映绩效评价工作的进展程度，大多体现着评估机关以及其他参加评估机关的许多深思熟虑的看法与意见。不过，一个规范系统的制定与颁布并不代表它是最终的静态成果。随着财政支出绩效评价在实践中取得越来越多的经验，绩效评价本身随着社会经济形势变化而发展，评价标准也应不断调整和完善。标准的变化是不可避免、总会发生的，适应社会需求的变化体现了标准体系的灵活性。

二、专项资金绩效评价标准的测定和选取

在客观评估准则系统中，其所包含的计量性指标体现为特定数据的可能是分数、指标、序数，而这些载体都是对评估对象作出客观评估的对比尺度和参考依据。如果这些载体上所规定的指标是无法测量的，就会陷入定性的评价语。指标是对专项资金绩效评价的定性指标，由评价语形成了定性指标。下面着重说明这些载体的测定方法。

（一）专项资金绩效评价定性标准的设定

定量分析评价标准是对定性指标作出综合评估研究分析评价的客观依据，通常按照评价的理论概念与含义，并依据国家财务预算的总体目标，使用相应的评价语确定国家专项资金绩效结果。定性标准所无法衡量的自身特性，决定了它在常规评估中往往不太被关注，但在长期绩效评价中它有其特殊的地位，并且它的设定方法和档值的确定与定量标准相比均有其独特的不同之处。关于定性准则的制定，可以从下列方面入手。

1. 专家经验。专家通过比较以往年份，同一建设项目、单位或部门利用同一投资方式所形成的经济效益与社会效益，并综合当时的国际政治经济发展态势，对专项资金绩效进行了经验判断断。

2. 问卷测评。通过建立定性标准，对一些包括公民满意度、政府应该实现的支出目标等指标进行问卷设计，寻求与公众的协作。

3. 横向比较。综合对比国内已进行的特定类型专项资金绩效所取得的成果，得出评价。采用横向对比进行评价必须要有大量的专项研究作为基础，并且必须做好大量的数据分析工作。

4. "投票否决"办法。该办法一般应用于建设项目或其他单位所运用的资金上。也因此，当假设一个工程项目或其他单位在运用资金的情况下违法

违规时，国家财政可能通过"一票否决"方法对其进行重新评价，以判断该资金的实际运用绩效较差，从而考虑今后不再拨付给该工程项目或其他单位。

定性水平的评定一般是以上四个手段的综合应用，并最常通过评估人员的专业评估或问卷调查的方式完成，把不同的项目区分为各个层次的级别，通过模糊学的隶属因子赋值方法对不同的层次给出一定的评级系数，产生若干个由高至低的有层次的评价。

定性标准不像标准值那样具有较强的客观性，它通常易受到评价人员的知识、经验、判断能力及对评价指标的把握程度的影响，因此，为了保证定性标准制定的客观公正，评价人员是关键。评价人员一般应具备以下知识、技能和经验：（1）进行深入研究，从而能够回答被选择的有关问题；（2）收集和分析可靠的数量和质量数据；（3）得出有效的、可信的和无偏见的结论及政策建议。除此之外，评价人员必须独立公正，在评价开始之初确定无碍评价客观性的事件关系，对评价行为过程与结果全面负责，对涉密事项积极与被评价方进行协商沟通。

（二）标准值和定性标准的选用

鉴于专项资金项目类别的不同，项目主体影响评价标准的选取，因而根据不同主体类别合理选择标准值和定性标准至关重要。

1. 项目支出绩效评价标准的选用。从工程的特点考虑，工程的评估基本上处于定性指标范畴，所以在指标取值上可以更多借助专业的工作分析以及开展调查问卷的方式。

2. 单位绩效评价标准的选用。在单位绩效评价中取得平均值时，则更多地依靠在组织实际工作过程中所形成的经济和科技数据，例如计划标准、历史规范和技术标准等。

3. 部门绩效评价标准的选用。部门领导在对部门绩效评价目标任务的取值中，必须重视部门目标任务的具体执行状况，以及部门工作效率的提高。指标的选择一般采用工作计划指标与统计指标相结合的形式。

4. 综合区域绩效评价标准的选取。因为综合区域绩效评价一般涉及项目、单位或者部门之间的综合绩效评价，或者更广泛的范畴，所以在定量或者定性准则的选择上必须是对技术标准、规划准则、历史标准、经验准则等的综合运用。

第四节　专项资金绩效评价计分模型

专项资金绩效评价的积分模型分为标准值测定模型和指标计分模型。

一、标准值测定模型的建立

我国的财务主管机关，依据国内行政事业单位和基本建设单位的决算等数据资料和相关统计信息，综合使用统计方式，保留了符合条件的财政统计资料，并扣除因不遵循有关规定而计算得出的统计资料的集合。计量标准差是个规模浩大的工程，构建正确的计量与预报模式，并借助发达的计算机技术，是获取客观公正、科学的国家专项资金绩效评价标准值的必然路径。

（一）标准值测定模型的基本要素概述

标准值是在运用统计学原理的基础上进行测定的，因此，设定标准值测定模型时，要依据统计步骤对标准值进行测定，即按照收集资料、运用一定方法进行数据整理、实施统计应用分析三个步骤测定标准值。在标准值的测定过程中，每个步骤的实施是通过各步骤选择所要包含的基本要素来体现的。标准值测定模型通常由多种要素组成，但基本要素包括测定标准值的样本总体的建立、样本的抽取、标准值档值的确定以及标准值的选用。

（二）样本总体信息库的建立

评价项目数的信息库，需要利用现代信息管理手段建立一种数量丰富的公共费用评价信息库。该数据库所收录的信息，必须涵盖政府评价各项费用信息的成本情况、收益状况和效果情况；以及各类纵向的、横向的数据对比等数据。在当前，中国的政府专项资金绩效考核数据库必须把握建设关键，包含但不限于以下内容：一是通过选择不同领域、不同形式的政府财务预算项目作为评价目标信息的初始数据源，并进行数据资料的综合分类；二是根据政府评价业务的发展，进一步提出了各种政府专项资金绩效考核的具体信息要求，并在此基础上逐渐拓展政府评价数据信息采集领域，以促进对社会公共信息数据收集、量化和规范等的探索与建立等；三是积极探索评价数据分析的信息收集途径，着力采集国家重大财政预算工程从立项决策、工程建设开展到投产运行的全过程中实际产生的各种科技经济指标和统计数据等资料，实现了评价数据分析信息收集的高效运行；四是积极进行评价数据分析技术应用的设计研发，以推动信息处理质量的提升；五是积极利用评估数据资料，进行技术评估和专业评估等目标值的计量研究工作。

（三）样本的抽取

规模巨大的数据库是国家专项资金绩效评价目标值确定的重要物质基础，而对测定样品的选择也必须服从于统计学的样本选择准则。具体来说，当确定了一个地区、部门、经济单元或项目之间的标准差时，如有关该项测定的国家财政开支信息库，利用计算机技术就可以实现成本最少且包括的信息全面化，则就必须采取普查的方法；反之，一旦构建的数据库对象是所有正在被研究的国家财政支出信息系统中的一员，则可以将其数据库对象视为抽取的组成部分。此外，尽可能拓宽资料获取的范围，尽可能全面获取与评价对象的有关信息，将其视为抽取的另组成部分，再以此构建样本，并通过在样本中所获取的标准值，来推测总体数量特征。

（四）标准值档值的确定

为确保企业、机构、组织等在区域的特定位置与一定区域之间实现相对精确的评价，专项资金绩效评价可考虑将每项量化数据的标准值分为五档，提高标准差的曲线平滑度，降低评估偏差。档值对于评估某个企业、机构、组织或地区的实际绩效水平，并在评估它和最高档的标准区别上往往不可或缺。

首先是部门和项目的综合绩效评价标准差根据其所使用的资金经费性质，可分为国民经济事业、教育事业、科学事业、文化事业、社会保险、地方政府管理、公检法司、农口事业以及其他九个专业大类，评估标准值分为优秀值、良好值、平均数、最低值、较差五种级别。其中，优良值代表专业的最高水准；优秀值代表专业的较高水平；平均数表示行业的平均水准；最低值则表示行业的最基本水平；较差数值则表示行业的最低水平。

其次是将政府部门的工作绩效考核标准差，按政府部门分类为国民经济机关、政府行政管理机关、国防建设机关、经济社会事业机关以及其他政府部门，并按照政府部门管理工作的最高技术水平将其分为优良值、较高值、平均数、较低值、较差五个级别。其中，优良值代表政府部门管理工作的最高技术水平；优良值则代表政府部门管理工作的较高水平；平均数代表政府部门管理水平的一般程度；较低值则代表政府部门管理水平的较低程度；较差值则代表政府部门管理水平的最低水平。

最后是根据综合区域财务工作级次，把标准差分为国家财政开支、中央财政支付和综合区域财政开支，再通过财政管理级次对财政开支的综合绩效考核进行分类，为省、地（市）、县、乡级的财政开支绩效考核标准差，并区分为正常值、优良值、平均数、较低值、较差值五种不同档次。其中，优秀值表示财政管理级次中财政支出绩效的最高水平；良好值表示财政管理级次中财政支出绩效的较高水平；平均值表示财政管理级次中财政支出绩效的一般水平；较低值表示财政管理级次中财政支出绩效的较低水平；较差值表示财政管理级次中财政支出绩效的最低水平。

（五）标准值的测定方法

经过上述步骤，在确认测量样本后，即可按照样本数，选取适当的计算方法，估计各个指标的平均值。在对标准值的计量过程中，一般使用两种方式：其一，递进平均法；其二，分段平均法。

二、指标计分模型的建立

指标评分值通常用百分制表示。常用的计算方法有以下两种。

1. 比率法（适用于固定标准值）：

$$指标评分值 = \frac{指标实现值}{指标标准值} \times 100$$

2. 功效系数法（适用于区间标准值或分段标准值）。功效系数法是专家打分数据预处理的有效方法，通常存在同一指标专家打分范围不同的情况，给一个具体的分数范围，以避免专家打分差距过大对总体评价效果的影响。具体步骤如下：首先，对每一项能够衡量的绩效目标设定一个满足值与一个不允许值。这里的满足值是指该目标所能够获得的最大值，即目标上限；不允许值是指各指标中不应有出现的最低值，即目标下限。其次，采用线性正相关的方式，对各考核指标进行无量纲的分析，并由此判断各项目的成绩。

功效系数法设置了最佳的指标取值范围，给专家打分设置了相同的评价条件，避免了因为单一标准造成的评价结果误差。满意值和不允许值的确定有以下两种方法：第一，根据历史数据进行判断。历史数据中的满意值和不允许值在实践中有所体现，可以根据经验设置。第二，将所获得数据的一部分最差值和一部分最好值的平均值作为下限和上限。

（1）采用区间标准值的功效系数法：

$$指标评分值 = 60 + \frac{指标实际值 - 指标下限标准值}{指标上限标准值 - 指标下限标准值} \times 40$$

（2）采用分段标准值的功效系数法：

$$指标评分值 = 本档基础分 + \frac{指标实际值 - 本档标准值}{上档标准值 - 本档标准值}$$
$$\times (上档基础分 - 本档基础分)$$

【案例】鉴于《20××年"污染源在线建设及运行项目"财政支出绩效评价报告》尚未公开，下面以三项具有代表性的具体指标计算为例，说明指标计算评分过程。

（1）能够取得标准值的定量指标，一般采用简单评分法，即：

$$指标评分值 = \begin{cases} 100 & 指标实际值 \geq 指标标准值 \\ 实际值/标准值 \times 100 & 指标实际值 < 指标标准值 \end{cases}$$

以"建设目标完成率"为例，项目实际新建、改建自动监控设备数量/计划新建、改建数量＝133％，大于目标值100％，则该项指标得分为100。

（2）不存在标准值的定量指标，可采用改进型多档功效系数法，即：

$$指标评分值 = 本档分值 + \frac{指标实际值 - 本档标准值}{上档标准值 - 本档标准值} \times (上档分值 - 本档分值)$$

分档标准值及各档分值由评价工作组根据具体情况设定。

以"COD年排放降低率"为例，20××年××市COD污染量相对20××年均减少了2.55％，即指标的实际值约为2.55％。鉴于该指标并不存在标准值，因此，评估工作组采用了改进型的各档功效系数法进行了打分。由评估工作组根据综合×比城市COD历史的排放量状况、可比城市在20××~20××年的COD排放量状况，和相关专家建议确定的划分方法指标值以及各档分值（见表6-5）。

表6-5　　　　　　　　　　　每档标准值与每档分值

每档标准值（％）	3.50	3.00	2.50	2.00
每档分值	100	90	80	70

指标实际值为2.55％，处于第二档和第三档之间，则：

指标得分 = 80 + (2.55％ - 2.50％) ÷ (3.00％ - 2.50％) × (90 - 80) = 81

（3）定性指标。针对定性指标，可选择因素分析法，即将指标平均值为100，并对影响指标结果的各种因素加以综合分析，从而设计出主要因素系数和最大影响权重分。

以"执行制度有效性"为例，评价工作组设定了四个重点影响因素：①是否建立严密的财务会计报销签字机制；②是否建立严密的印鉴管理监督机制；③是否建立严密的人事牵制机制；④是否建立规范的企业内部定期自审与自查机制。并赋予每项因素25%的权重。由评价工作组根据每位评价人对以上因素的落实情况进行综合评分，经加权平均得出每个评价人对该指标的综合评价，对各人评价进行算术平均，最终得出对该指标体系的综合评价为83。

单项指标评分完成后，评价人员通过以下方法计算项目综合评价得分：

$$综合评价得分 = \sum (单位指标评分值 \times 指标权重)$$

按照综合评价的分数，参照财政支出绩效计分结果级别评分对比表，得出各项的综合评价等级。

| 第七章 |

专项资金收益研究

本章将以现有财政专项资金效益问题为出发点，对财政专项资金效益的内涵、特征、基本分类作详细界定，以此为基础从理财观念、财政专项资金总量、资金结构、资金管理、财政监督等维度提出现阶段财政专项资金效益的主要影响因素，揭示导致我国财政专项资金整体效益偏低的根源所在，进而为提高财政专项资金绩效评价效率，增强财政专项资金效益水平提出合理有效的实施对策。

专项资金收益，是指财政专项资金数量和财政专项资金活动成果之间的对比关系，其目的是通过对国家财政投入配置与运用更好地完成公共财政职责，最大限度地实现各项经济社会发展共同需要。研究国家财政专项资金规模多大、如何调整支出构成以及怎样正确合理利用资金才能更好地推动国民经济与社会的发展，均是对专项资金收益问题所关注的要点。

一、专项资金收益的内涵

"收益"是指人们在有目的的实践活动中"所费"和"所得"的比例问题，所以人们为了经济效益就要少花钱、多做事、办好事。专项资金效益，是指相应的财政投入费用所能提供的产品和劳动的生产率的提高，对国家宏观调控功能的提高，对整个社会的经济支配条件的提高等。从整体的角度去考察公共财政效益问题，也就是在财政的活动整体上和外部环境之中，在公共财政活动总体与局部环境之间的相互作用、相互制约的关系中，整体地、具体地考虑了专项资金效益的各个方面，就可以看到，专项资金效益是由财政资本使用的合理配比性和财政投入费用的合理性，这两个因素所组成的一个有机整体。

（一）财政专项资金的合理配比性

1. 财政专项资金的外在合理配比性。在市场经济条件下，对国民经济各种资源的合理分配主要通过市场和行政管理两种途径实现。在特定时间里，人类社会国民经济各种资源总是稀缺的。为能够利用有限度的各种资源，从而更好地、全面地适应经济社会中的各种需要，政府要求人们对有限度各种资源在公共部门与民营经济之间作出合理分配。

2. 财务专项资金的内在合理配比性。在财政专项资金规模合理的基础上，专项资金收益还进一步要求了公共财政资源配置的内部合理配比性，即对公共财政专项资金的主次构成比例要科学合理，并根据各种性质、各个类别的经济社会发展共同需求的客观比例，把政府财政投入合理地分摊于社会各个不同领域中，使其在各项不同需求间维持着合理配比。

3. 财政专项资金的内在外在合理配比性之间的关系。财政专项资金的合理规模和合理的支出结构是专项资金收益的不同层次，两者各有侧重，但又相互依存。财政开支规模的合理配比是财政开支结构优化的基本物质保障，而财政开支结构优化也是财政开支规模合理的基本条件。如果财政开支规模不合理，将会影响整体财政开支结构的优化，而公共财政内部资源配置也将很难满足内部资源合理配比性的客观需要。在公共财政专项资金总额规模相对较小的情形下，在公共财政内部的费用安排上一般不可能根据专项资金收益内部配比性进行调整财政支出，而是根据经济社会中公共需求领域内对公共资源需求的刚性程度安排。刚性程度越强则所获得的公共资源就越多，而刚性程度越弱则所获得的公共资源也越少。在财政投入不充分的情形下，就会要有一些领域内对财政资金的需要得不到满足，则会影响专项资金收益的提高。

（二）财政资金使用的有效性

从财政活动的终极目的出发，财政活动中是否全方位地、高效地实现了经济社会的公共需求，不仅取决于财政资源在合理分配过程中是不是按客观比例合理实现了财政资源配置，同时还取决于在具体运用财政资源过程中对财政资源的消耗，能否达到节省或高效运用的客观条件。这就需要财政活动专项资金同时具备经济性、效能性和效益性。经济效益是指基于最低的费用获得相应的资源，效益性是指基于最少的投资获得相应的产出，而效益性则是指在多大程度上达到目标和预测结果。而财政资金最理想的使用收益，应是在既经济节约又有效的状况下达到期望的目标效益。

由此可见，专项资金收益是在充分研究公共财政资源配置与使用下，研究在一定情况下的公共财政专项资金最优数量与组合及其合理有效利用的课题。

二、专项资金收益的基本特征

专项资金收益虽然是国民经济利益的有机部分，但它和国民经济收益也有一定的差别，它并非国民经济利益的单一部分，而是有自身特性的重要组成部分。其特点主要体现在以下四个方面。

（一）专项资金收益的全面性

财政专项资金讲求公众综合利益。我国财政资金的支拨与亏耗过程包括社会再制造的全方面过程和各个阶段，既包括工业投资领域与民生消费领域，也包括中央政府、企业和机构及各个单位等。在社会生产分配过程中的经济收益，不仅控制着社会再生产的所有领域，同时也影响着政治生产的所有方面。也因而在对财政专项资金的收益进行分析时，不能仅就财政专项资金本身直接效用出发，还必须从社会总体出发，把财政专项资金放在社会政治、经济生活的总过程中来考察，全面衡量财政专项资金在何种条件下能够为国家带来最大的综合效用，这样才能对专项资金收益进行全面的分析。

(二) 专项资金收益衡量的多样性

公共财政专项资金满足社会共同需求的程度如何是评价国家公共财政收益水平高低的基本标尺。因为社会公共服务需求本身的多元化，而且满足了这一类需求的社会公共事务的多元化，决定了具体衡量专项资金收益水平高低的标准也就不可能是单一的，而是同样具有多样性的。按照大类别细分，基本公共服务需求分为生产经营需求、社区行政治理需求、国家安全需求、科教文卫需求等。为适应上述要求，国家公共财政专项资金在实现了自身经济效益与社会利益的同时，其衡量标准也显示了多元化的特征，一般以政治标准、经济标准、教育标准、科学标准、环境标准等的形态体现出来。按照这些标准对专项资金收益进行衡量时，其衡量指标也表现出多样性，如有些衡量指标是可以量化的，有些衡量指标是不可以量化的。在那些可以量化的财政收益指标中，也存在可以量化程度上的差异，即有些量化指标可以较全面地反映特定财政活动的效果情况，有些量化指标只能反映特定财政活动收益情况的某个侧面。

(三) 专项资金收益的多层次性

社会公共需要的多层次决定了专项资金收益的多层次性。专项资金收益的多层次性特征主要表现在财政专项资金运行过程中的多层次性方面和财政级次的多层次性方面。在财政专项资金运行过程中，可以分为财政支出资金的筹集、财政支出资金的分配和财政支出资金的具体使用过程等不同阶段，与之相对应，专项资金收益也由不同层次的收益组成。在财政专项资金的筹集过程中有财政专项资金的规模收益，在财政专项资金的分配过程中有财政专项资金的结构收益，在财政专项资金的具体使用过程中有财政专项资金的运作收益。财政的级次也决定了专项资金收益的多层次性，各国都依照该国的政权的级次设置相应级次的财政，因而形成不同级次的专项资金收益。例如从我国情况出发，有社会总专项资金收益、中央专项资金收益、省级专项资金收益、市级专项资金收益、县级专项资金收益及乡级专项资金收益。

（四）专项资金收益的统一性和连续性

因为国家财政在社会再生产中占有主导地位，决定了国家财政对国民经济的影响是全面的。财政制约着产品结构和产业结构的形成，又制约着企业生产发展的规模速度和经济收益的高低，同时还影响着科教文卫、国防、行政等事业的发展。因此，评价专项资金收益必须坚持宏观收益与微观收益的统一、直接收益与间接收益的统一、近期收益和远期收益的统一以及局部收益和总体收益的统一，这是维护财政收益和社会经济收益统一的重要方向。财政收益的连续性是指对财政专项资金不仅要考察投资当年的收益，而且要考虑以后年度的收益。

三、专项资金收益的分类

专项资金效果体现的是财务专项资金行为成果和财务专项资金发展目标之间的吻合情况。根据不同的分类方式，专项资金收益可作以下三个分类。

（一）正收益、零收益和负收益

如果财政专项资金最终的成果与财政专项资金的实际效果一致，则认为是正收益；如果财政专项资金最终的成果与财政专项资金的总体目标根本不相应，则认为是零收益；而如果财政专项资金最终的成果与总体目标完全相悖，或者损害了预定的总体目标，则认为是负收益。例如，当地政府部门为了净化该市某大型湖泊的水体，投资经费1000多万元实施了环保工程建设，目标是将水体由四类水质要求提升至二类水质标准。项目建成后，1000多万元的投资使水质果然由四类提高至二类，我们相信这笔财政专项资金带来的正回报。若质量实现了预期效果，且项目资金仍有一定结余，即可视为该项目的财政专项资金得到了极高水平的正收益；假设水体实现了既定目标，但投资远超过了计划，那么需要研究假如不追加预算，投资 1000 多万元所带来的结果和预想的目标之间有没有差距，即使没有实现给定的水质目标，但是比四类水体有提高，还能看作收益较差的正收益。投资了 1000 多万元资金的环境治理工程项目完成后，如果水质一直为四类，可认为该项财政专项资金没有利润，或零利润。如果投资 1000 多万元的环保工程项目全部完成了，却由于质量不好，反而将水质由四类下降至五类，可认为产生了负收益。

这里有一个逻辑关系值得注意：财政专项资金支出—项目实施—目标。这里的"目标"简单来理解，应该认为是"项目实施"的目标，相对于财政专项资金来说是一个间接目标。简单地理解，似乎财政专项资金的目标应当是保证项目的顺利实施。显然，这与财政专项资金的目标相悖。从概念上来说，财政专项资金的目标必须与项目成功实施的目标相符，即财政专项资金的目标正是项目成功实施的目标。如上例，如果单纯理解来说，将水质从四类改变到二类，就应当是环境保护工程的成功目标，而需要投入 1000 多万元经费的目标同样是将水体从四类改变到二类，而不仅是环境保护项目的成功实施。但事实上，财政专项资金也应该借助项目执行这一手段才能真正达到目标，因此，如何确定项目目标并执行项目就十分关键了，不然也就无法确保财政专项资金目标的最终完成。财政专项资金的主管、财政部门和项目实施的责任单位之间都有一个委托—代理关系，正确认识了这些关系，并采用适当的方式进行管理，就能够确保项目实施的责任单位和财政部门信守一致的宗旨，而为之努力工作。

其中还蕴藏着另一个问题，如对财政专项资金 1000 多万元的投资效益作出评估，若以是否保证了工程项目的成功来进行判断，显然没多大意义，但若以水质改进后促使生态环境的改善、城乡居民得病率降低为准则，就会产生评价的问题。所以对专项资金收益的绩效考核指标选择既不可太过直观，又不可有太多的中间过程。这就为绩效评价指标的选择提出了一个基本思路。反之，对财务预算的安排，选择合理的目标则具有很实际的含义。人们经常可以从财政部门工作报告中发现这样内容：财政部门在公司技改方面投入很多资金，从而保证了公司技改的成功进行。那么，企业在技改后的总效益应是多少呢？难道不是安排财政预算时必须考虑的目标吗？

（二）经济收益与社会收益

专项资金收益按其专项资金性质可以划分为经济收益与社会收益。按这种方式划分，仍然反映的是财政专项资金结果与目标之间的比对关系，但更加注重对财政专项资金结果的衡量。

财政专项资金的经济收益以量化经济指标作为财政专项资金的目标，并且以量化的经济指标来衡量财政专项资金的结果，从而比对两者间的契合程度。经济收益的最显著特征就是量化。比较适合采用"成本—收益法"来考评专项资金收益。

财政专项资金的社会价值一般以非量化的评价标准为财政专项资金的效果，并以满意度来评价财政专项资金的成果，以此体现两者之间的吻合程度。社会报酬的最重要特点是以满意度来衡量报酬，而满意度虽可以通过一定的方式衡量（如百分比），但由于这些衡量因素并非经济意义上的，所以对社会报酬的评估并不适宜于采取"成本—收益法"，而应当采取"投入—产出法"。但实际上，对社会报酬的评价却比较复杂。

按照国际比较通用的财务专项资金科目划分，财务专项资金分为事业发展专项资金、行政管理专项资金、经济建设专项资金、公共建设专项资金、其他专项资金等。尽管侧重点不同，但各种形式的专项资金都既体现经济效益又反映社会利益。因此，对专项资金效益衡量用"投入—产出"的逻辑优于"成本—收益"，"投入—产出"既能够体现经济效益又可以反映社会收益。

（三）宏观收益与微观收益

专项资金收益，按照对其所产生的社会影响程度可区分为宏观收益和微观收益。这种影响程度，应该理解为国家财政专项资金的目标和成果是整体性的还是局部性，是长远的还是短时的，是局限于项目本身的还是具有更大覆盖面的。

财政专项资金的宏观收益反映财政专项资金的目标不局限于项目本身，而是更关注整体性、全局性、有长远影响的指标，同时，财政专项资金的结果也是远期的，难以立竿见影。当然这既可以是经济收益，也可以是社会收益，一般来说，宏观收益反映了财政专项资金的更高要求，更侧重于社会收益。

财政专项资金的微观收益反映相对直接的财政专项资金目标，其结果一般在专项资金项目完成后，即可以得到衡量。财政专项资金的微观收益比较适合作为专项资金收益评价的指标。

从理论上讲，每项财政专项资金都可以理解为既有宏观收益又有微观收益。专项资金收益的宏观收益与微观收益同等重要。如果仅关心宏观收益，就会失去短期内对专项资金收益评价的依据，也不利于财政专项资金的执行与监督。如果仅关心微观收益，往往会偏离财政专项资金的宏观目标，因为宏观收益并不是微观收益的简单加总。

四、专项资金收益的影响因素

影响专项资金收益的主要有财政专项资金总量、财政专项资金结构、财政专项资金政策目标、财政专项资金管理体制以及财政监督与理财观念等因素。

(一) 财政专项资金总量

总量对专项资金收益的影响是两方面的：一方面是专项资金总量本身对专项资金收益的影响；另一方面是总量通过影响专项资金结构间接地影响专项资金收益。

1. 总量本身对财政专项资金的影响。这些因素主要涉及宏大和微观两个方面：从宏观经济方面而言，地方财税专项资金总量直接产生影响地方财政部门对宏观经济的调节力量，直接影响着地方财政部门对区域产业结构，对于产业内部结构的调节以及对区域内收入分配的调控，决定着地方行政机关的运行状况，也决定着地方政府职能实现的效果，进而直接产生影响专项资金收益；从微观方面而言，在当前地方财政部门中还经营着一些营利性的地方国有企业的现实情况下，地方财税专项资金总量决定着地方财政部门中对国有企业的支持力量，也控制了对企业重要生产要素的投资，直接影响着企业的技术改造、创新等，这都会直接影响着地方国有企业财税专项资金的实际收益。

2. 财政专项资金规模也影响财政专项资金形式的改变，并进而影响专项资金收益。由于财政专项资金结构存在着刚性，所以一般来说对财政专项资金结构的调节都仅仅是增量调节，存量调控的可能性和力量都有限，所以调节财政专项资金总额会影响对财政专项资金结构的调节，从而影响专项资金收益。

（二）财政专项资金结构

一定的财政专项资金结构，决定了财政专项资金是否合理，也就决定了地方政府通过财政专项资金完成政府职能的情况。财政支出合理，则地方政府能很好地完成其职能，财政专项资金也就能产生很好的收益，否则，专项资金收益就会较低。同时，地方政府与中央政府之间的专项资金划分是否清楚，决定了国家财政专项资金的两大组成部分，即财政专项资金与中央财政专项资金之间是否存在"缺位"与"越位"。无论是财政专项资金"缺位"与"越位"，都会影响地方政府完成其职能的情况，并进而影响专项资金收益。而如果两者之间支出责任明了，支出划分合理则专项资金收益会比较高。

（三）财政专项资金政策目标

财税措施的宏观性质和微观目标，都可以影响财政开支利益。对财政收支活动的整体结果来说，财税措施目标就是反映了财政开支利益的重要参照物。如果参照物过于远大、脱离了实际目标，那就意味着财政收支活动结果很难实现预期的目标，而财政开支的利润也必将减少；如果参照物过于单纯、实际，财政收支活动结果也很容易实现其目标，对财政开支利润来说，价值上却打了较大的折扣。例如，在向浙江某市警方递交给财政部门的一个关于申请购买警车的报告中，项目目标就是减少刑事犯罪率、提高民众的平安感。那么警车购置完成了，犯罪行为减少了吗？明显易见，就算犯罪行为减少了，和购置警车期间的利益关系也并没有如此直接，更何况犯罪行为减少对于公民的平安感提高期间并无必然的相应关联。违法犯罪是降低了，但市民却没感受到什么安全感，因为当这个购置警车的预算项目实施完了，如果要评估它的实际支付收益，很可能得出这样的结果：当财政投入了一定量的资金投入，尽管违法犯罪降低了，但却不能实现市民安全感降低的目标，因此，即使这个项目的财政支出收益确实是正收益，但却是极低的正收益。如果调整一个项目的目标更切实际一些，例如在这次警车配备任务完成后，全国警察中装备警车的比率达到了多少，警力的机动力量提高，出警速度提高等，这样这笔财政支出的实际利益就不只是正收益，甚至是相当高的正收益。

（四）财政专项资金管理体制

财政专项资金管理体制对专项资金收益的影响主要表现在两个方面：一方面是财政专项资金预算编制对收益的影响；另一方面是预算执行过程中专项资金管理对收益的影响。

1. 政府财务专项资金预算的水平，是限制专项资金收益的一项主要因素。这些因素主要是宏观层面与微观两个层面的关系：就宏观层面而言，是指政府在制订计划之前，对全部财政投入的分配作出统筹考虑的状况，会严重影响财政预算的制定质量，并进而危害专项资金利润；就微观层面的一个政府支出项目来说，其支出项目可行性论证水平的好坏直接影响财政专项资金计划的成本与利润，并影响专项资金收益。

2. 当建立公共财政专项资金预算后，对财政投入专项资金的控制也将改变专项资金效益。一是，财政投入的控制形式对专项资金效益的改变。资金的分配方式即可采用实际的方式，也可采用钱币的方式。相对而言，实行补贴、各项实际待遇和津贴等物质分享的方式不太方便管理，易出现贪污情况，影响专项资金收益。采用货币化分配方法则更加方便管理，有利于强化对财政投入运用状况的监测，促进专项资金收益的增加。二是，财政购买模式对专项资金收益率的影响。不同的购买模式，决定了同量的财政资金能采购到不同数量和质量的产品和劳务，也就确定了财政专项资金的不同收益率。三是，专项资金收益评估体系对专项资金收益的影响。建设项目完成之后由科学、严谨的收益评价系统对财政资金的使用收益如何作出合理的评价，对专项资金收益有比较大的影响。

（五）财政监督与理财观念

正确的、符合国情的理财观念会促进专项资金收益的提高，而错误的或不符合国情的理财观念则会影响专项资金收益的提高。另外，对财政部门预算编制和计划实施的监督力量还控制了专项资金报酬，这些监督力量从一定意义上确定了预算编制的效率和计划的实施效果，也就确定了财政部门专项资金的报酬。

| 第八章 |

财政专项资金绩效评价结果应用

第一节　财政专项资金绩效评价结果应用概述

2009年6月，我国财税主管部门出台了《财税主管部门专用资金使用绩效考评管理工作临时方法》，这也标志着国家财政主管部门专用费用考核管理工作已逐渐步入技术规范、制度化管理的发展轨迹。目前，全国各个地方财税单位都确立了国家财政主管部门的专用费用考核体系，并出台了方案，调整完善了指标，同时每年都选取相当数量的项目进行了考核。但因为受到思想、利益、制度等多方面约束，使考核成果理念基础相对淡薄，也使部分基层财务的考核成果不能很好地运用甚至完全不能运用，从而导致了大量公用资源使用浪费，严重损害了考核的权威，也不适应我国财税机关精准化财务管理实际开展工作需要。财务专项资金绩效考核工作的关键和落脚点就是考评结论的运用，考评结论的合理运用是绩效考核工作的灵魂所在。因此，加强考评结论的运用，是当前绩效考核工作存在的主要问题。

一、绩效评价结果应用的必要性和重要性

构建科学、合理的财政专项资金绩效考核体系，积极推动财政专项资金

绩效考核工作，可以完善财政专项资金管理制度，加强经费责任，增加财政专项资金使用收益，而财政专项资金绩效考核工作的关键与落脚点就是绩效考核成果的科学合理运用。财务专项资金绩效考核结论，即对财务专项资金进行绩效考核得出的结果，是上一期绩效考核的终结，同时也是下一期财务专项资金绩效管理工作的开端，是进行绩效管理的重要信息。做好财政专项资金绩效考核成果运用，既是财政专项资金绩效考核工作能够取得成效的主要基础，又是确保绩效考核工作持久、深入发挥的基本前提，是完善财政专项资金管理制度，提升投资绩效理念，配置公共资源，优化财政专项资金结构，提高投资管理水平，增加投资使用收益的关键手段。绩效信息的运用本身并没有目的，它只不过是制定管理策略的工具罢了。但不管是从财政绩效评价、绩效预算还是公共费用管理的视角出发，对财政专项资金绩效考核结果的运用，都有其重要性与必然性。

从行政绩效评价的理论层面出发，绩效评价是一种动态而持续的工作流程，分为评估准备阶段、组织执行阶段以及对评估成果的管理阶段等许多环节。

从绩效管理计划的基础理论层次出发，绩效管理计划的核心特点是在业绩目标信息和费用支出决定之间构建起了一种联系，实现绩效管理成果的有效应用，有利于建立一种密闭的、涵盖财政专项资金费用支出整个过程的"绩效预算分配—运用—运用成果评审—下年度目标绩效预算分配"的绩效预算约束环，使整体业绩管理贯穿整个财政专项资金运用领域与利益分享领域。

从财政专项资金绩效考核本身出发，财政专项资金绩效考核成果的运用是衡量一个项目是否取得成效的重要根据，也是保障该项工作持久、深入开展的基本前提。财政专项资金绩效考核结果应用是完善财政专项资金管理制度、配置公共资源、调整财政专项资金结构、增加财政使用效益的主要方式。

二、财政专项资金绩效评价结果应用现状

财政专项资金绩效考核的结论可以作为调整政府部门长期经营目标和计划的重要依据，政府各部门都可以通过历年的绩效考核报告，对政府各部门

的长期经营目标和计划作出适当的调整。对财政专项资金绩效考核报告中所表现出政府各部门在经济管理工作中的问题，可以适时提供解决办法，供全国人大和政府部门借鉴。将企业绩考评的结论可以作为政府财政部门对各部门制定以后年度预算的重要依据，例如美国布什政府的一项主要工作重点便是将政府各部门的工作业绩与其部门的预算目标紧密联系起来，将绩效考核的结论可以作为政府各部门贯彻行政负责制的重要依据，从而大大提高了政府部门效率。因为政府绩效报告需要递交议会并向公民发布，所以在客观上也促使了政府部门更好地为公民服务，并且受到议会和公民的共同监督。

近年来，国家中央机关以及各类地方政府部门不断进行绩效评价的研究和探讨，并结合实际情况对评估结论不同程度地进行应用。从实际状况分析，大概有以下四个方面。

1. 将评估结论作为考评机关和单位领导绩效的依据。

2. 将考核结果通过媒体在规定范围内进行公示。

3. 将评估结论提交人民代表大会，接受全国人大的监督。

4. 部分地区人民政府也将绩效评价结果当作优化政府组织机构和简政放权的重要依据，并研究了绩效预算、业绩审核等方式。

江苏、浙江地区在绩效评价成果运用方面均领先于全国其他地方，浙江地区总结了从 2003 年开始的财政绩效考核工作经验，并研究形成了一套政府与部门预算管理相结合、多渠道使用考评成果的激励机制，包括激励机制、反馈机制和信息公开激励机制等。2010 年，江苏东台市政府为进一步发挥财政专项资金绩效考核工作的重要功能，合理使用政府绩效评价成果，出台了有关进一步完善财政专项资金绩效考核成果使用制度的建议，并要求进一步建设政府与部门预算管理相结合的综合应用制度，实现政府绩效考核成果与部门预算管理的有机整合，以推动财政专项资金的科学合理分配和高效利用等。

三、财政专项资金绩效评价结果应用存在的主要问题

财政专项资金绩效评价是绩效计划的前提和基石，是在绩效计划的发展

初级阶段。关于绩效计划流程中的绩效信息，其应用大多聚焦于如何整合业绩信息与费用分配的问题上，即在结果与资金之间形成了联系。对财务专项资金绩效考核来说，结果的运用也是其核心内容与最终归宿，不过由于其发展阶段相对较低，在评估结果的运用上反而较业绩计划更为灵活。与预算编制挂钩，或者实现业绩计划虽然是其根本目标，不过在现阶段，视评估结果作为专案的管理工具、协调工具和问责工具就显得更为合理，也更为实际。绩效考核结果进行预决策也是相当困难的，现阶段国家财政专项资金绩效评价面临的问题主要有以下四个。

（一）绩效评价结果缺乏权威性

绩效评价结果完全合理地运用以一个完善的评价体系和完全合理的评价指标为前提。对评估机关和支出主管部门来讲，只有所生产的评估结果才是对业绩能力的实际体现，对评估结论的重视与运用才有价值。但对于各个财务绩效的评价机关，由于人力物力都是非常限制的，在评估过程中也不能对各个参评项目都具体实地加以检查，因此，对绩效评价处而言，由于没有确切可信的业绩数据和会计信息，支出机关的开支状况和自我评估准确性都很低下。

绩效评价工作是一个相当复杂的过程，而最重要的内容便是考评方法的制定和选用。而目前最一般的方法，是以"3E"绩效评价指标体系的设计模式，BP：经济效益指标、效能型指标、合理性指标。但从实际来看，随着产出绩效的无法衡量以及考核指标的不足，过多地依靠基础性信息例如有关政策法规、财务情况、企业管理等指标的信息来衡量绩效情况，导致绩效考核结果的获取存在很大的弹性。同时在指标信息的设计与征集过程中，由于公众积极性不够或没有第三方评价，以个别机构与资金用户的建议居多，降低了绩效考核结论的权威性与公正性。

（二）财政专项资金绩效评价结果应用不到位

由于当时财政专项资金绩效评价工作制度还未完善，尤其是成果运用工作刚开始时，没有法律规定，以及对具体的评估成果运用的具体管理方法与措施，以及对财政专项资金评估成果运用的作用都受到限制。财政部门对专项资金评估成果，较多地滞留在查找问题、反馈情况、建立健全机制等层面，没有追踪问效的机制，对财政部门在专项资金绩效考核结果中的成果、问题以及有关责任、项目实施过程中的各环节责任人都没有约束，与管理、干部的使用、奖励和资源配置互相脱钩，没有真正地与加强财政部门专项资金科学化、精细化管理工作有效衔接，未切实地把评估成果运用到财政部门预算编制管理工作中，对评估成果的运用也过于形式，整个绩效考核管理工作的效果也受到限制。同时，对财政部门专项资金绩效考核成果的公开范围也受限，缺乏公众监督，对评价部门的约束力和监督力都很有限。

（三）评价结果应用意识仍很淡薄

有些机关和单位领导班子对绩效考核工作结果的应用认识和重视程度不足，不能采取措施把绩效考核成果贯彻到实际管理工作中，使绩效评价结果应用难以发挥它应有的作用。各个部门对评估结果的关注程度也不一样，至于会不会把评估结果运用于改善项目也要看部门本身的意图。

（四）评估结果运用的相关制度不健全

由于当前的财政专项资金的成果运用制度缺少有效的配套措施，项目实际业绩数据的采集制度、业绩责任落实制度、业绩反馈制度、考核结果的发布制度、沟通申诉制度等方面的配套制度严重缺位。项目业绩数据采集制度不健全，考核激励机制不够，因而常常造成使用单位被动配合绩效考核项目，业绩评估成果运用流于形态，且目前对成果运用往往强调奖励，忽略对人才和团队水平的培养。

四、有效科学应用绩效评价结果的途径

根据当前国家财政专项资金绩效考核成果运用所面临的实际问题，逐步

形成了一套个人与部门预算管理相结合、成果运用方法多样化、与反馈整改和奖惩问责配合、绩效管理工作基础与信息系统健全，能够有效提高绩效评价成果运用与管理水平的新机制（制度），是当前绩效考核成果管理工作中急需解决的重大问题。

（一）建立部门预算应用机制

绩效考核机构建设与部门预算相结合的成果使用激励机制，通过实行项目预期业绩目标申报机制，以提高绩效考核成果在政府部门预算编制与实施中的有效运用，以达到绩效考核成果与部门预算的有机整合，有效推动政府财政专项资金的合理分配和高效利用。

（1）根据实际绩效管理技术指标制订项目计划。工程预期效益技术指标是制订实际绩效管理方案、标准和衡量工程支出效益的依据。各级财政部门在安排当年项目预算前，要同时制定工程效益说明书，论述财政专项资金使用的必要性、可行性和效果，根据效益技术指标制定清晰、客观、易于衡量的效益标准；计划机关（单位）向财政部门提交计划意见时，应根据财政部门规定，负责对本机关所提交的计划事项进行预测考核绩效目标自评价，财政部门要结合对计划绩效目标情况说明和预测绩效自评价报告和项目计划意见，着重对计划事项的必要、切实可行、有效性，成绩要求和参数设定的科学化，申请经费数额的科学化，以及为实现绩效管理总体目标所计划实施的管理方法等绩效目标管理措施进行综合考评论证；只有经财务工作绩效考评结果合格的建设项目才可以进入预算编制程序，经论证后评估效果较好的建设项目将优先安排预算资金，未按有关标准制定或者成绩较差的建设项目不得进入预算程序，也不得安排项目资金，以进一步健全和完善对建设项目预期效益的审核机制，进一步增强财政专项资金的积极性。

（2）加强绩效考核成果在政府部门预算安排中的运用。政府财政主管部门要通过绩效考核成果，对被评估项目的业绩状况、任务完成程度以及面临的问题和建议等作出综合分析，加强对考评成果的运用。形成考评成果运用在政府部门预算安排中的激励机制和约束机制，发挥政府部门绩效考核工作的应有功能。对业绩优秀的建设项目，在下年制订计划时给予先进考核；对业绩优秀和符合要求的，在建设项目单元对出现的问题整治后，根据一般从严原则，重新制订计划，并确定下一年份的财政专项资金；对于业绩不好的建设项目要做到适时通知，在下一年制订计划时要从紧考量，对开展了过程评估的建设项目，要尽快给出整改意见，对未能按时整治的，要向同级人民政府建议立即停止该建设项目，从而切实做到政府部门预算项目与事业发展目标的实现情况挂钩，从根源上遏制了没有业绩和低于绩效的财政专项资金，并逐步形成绩效评价结果与项目安排、部门预算编制紧密结合的财政专项资金绩效应用机制。

（二）建立评价结果奖惩机制

绩效评价结果反馈整改和奖惩问责应用制度，是政府绩效考核工作的主要内容和重要组成部分，也是评价结果应用的重要举措。建立了此机制后，对评估中出现的问题要指出或整改意见，并指导机关、单位按规章制度和各项目标的有效实施，以保持对绩效评价结果的法律约束力、权威性。

（1）反馈与整改。一方面，负责开展绩效评价的机关（单位）、财政单位要把评估工作绩效状况、存在的问题和有关意见反映到被评估企业，并指导其开展整改，从而提高绩效评价工作的约束力；另一方面，各评估机构应根据计划执行中出现的情况和建议进行认真整改，并将切实整改情况进行报告，以整改报告书的方式反映到评估管理单位。

（2）奖励与惩罚。通过构建业绩管理工作行政问责管理机制，建立预算部门业绩管理工作行政问责办法，进一步强化政府部门的预算编制管理工作和落实政府部门工作主体负责，并建立了"谁干事谁花钱、谁花钱谁担责"的权责管理机制，从预算编制管理工作到权责落实，所有机关都要认真负起监督主体负责，把各部门预算管理单元的财政专项资金使用监督管理考核绩效纳入政府部门建设质量和效能建设的主要考评范围，增强单位组织对政府部门各项投资使用绩效管理的关注和推动政府部门业绩管理工作的能力；对在政府部门预算编制管理和落实工作责任过程中，因为有意和疏忽造成部门预算绩效目标管理工作未能满足有关规定，以致政府部门财政专项投资经费配置与执行绩效目标管理工作没有实现预期目标，或规范达标的部门预算机关（单元）及负责人进行了考核绩效监督问责，包括提出质疑、责成整改、通报批评等行为；其中，触犯国家财经法律法规条款和有关制度规范的，将依据国务院部门《财政违法行为罚款处分规定》，视情景予以相应处分；把绩效评价结果列为下一年份制定和组织部门预算的依据，优先考虑和着重扶持绩效评价结果好的单位部门建设项目，对成绩优的预算部门（单元）建设予以表扬或者嘉奖；适当降低绩效考核成果差，以及计划实施时间不到国家规定标准的部分部门建设项目和资金配置，并撤销无良好业绩或者低于成绩建设项目。

（三）建立评价信息披露机制

采取适当方式公布财政专项资金绩效考核成果，并接受社会公众的监测评价，以加强政府对公共财政专项资金支出的有效监测，以提高公共财政专项资金的真实性和透明度。

（1）信息共享。财政部门要将每年安排的专项费用与评估报表进行内部共享制度，即每年安排的专项费用是制定评估项目（对象）的主要依据，而评估报表则是安排以后年度部门计划的基础。

（2）对上报告。财政应当将政府每年评估的国家重大建设项目成绩、出现的经济问题等有关情况，及其重大绩效考核工作的实施情况，定期或不定期地向地方政府领导及人大等有关机关报告，受到地方领导关注，为领导决定提供依据；或者将国家财政专项资金建设项目绩效的自我评估成果、绩效督查、重大绩效评价情况报告给人民政府，为政府领导和有关综合机关作出的有关国家经济发展重要决定，提供重大绩效依据。

（3）内部通报。为指导各部门和项目单位如期完成绩效自我评估管理工作，对政府部门和项目管理单位的绩效自我评估完成时间、实施质量和组织实施等情况，可在规定范围内进行通告，并督促其自觉地、保质保量地做好对项目的绩效自我评估管理工作。

（4）向社区公开。财政部门应根据政府信息公开的相关规范，逐步形成将评估成果在规定范围内公开的机制，将政府绩效评价报告及时报送地方有关行政部门，以利于相关单位间的互相对比、参考与监管，以实现评估成果的公开、公正；对社会关注度高、经济社会影响大的重要城市发展民生工程项目以及地方财政重大工程支出绩效状况，经同级公民政府部门审定后，可采取利用媒体等多种形式向经济社会公开，并受到公众的广泛监测。

（四）构建精细的管理技能培训制度

把实践中获得的绩效理念引入财政专项资金管理，在完善绩效评价机制的基础上，使财政专项资金管理体系得以完善，提升精细化管理水平。

（1）增加国家公共财政专项资金的使用收益。地方财税能力进一步提升，远不仅仅用于解决温饱问题，还面临更大的挑战，即如何更好地建设，建设必须讲求收益，因此，财政部门需要科学规范的评价体系来衡量资金使用效率。

（2）引导社会资源合理配置。通过财政专项资金绩效评价指标体系和方法，对资金的经济性、有效性和效率性进行合理准确的评价，可以提升资金配置的效率，优化社会资金配置。

（3）使国家公共财政不断地进行深化。预算编制、预算实施、预算监管三个分开的公共财政框架为基本要求，对财政专项资金绩效评价通过追踪问效的方式、科研标准的评估系统等，对政府投资运作及其结果进行了科学分析与综合评价。目前，以绩效考核为主要手段的政府费用监督正日渐建立，以共同规范财政专项资金的合理使用范围和绩效。

（五）建立了绩效管理工作的基础信息系统，以提高企业绩效评价信息运用能力

（1）建立标准科学的指标体系。根据近几年全国各地绩效工作实践经验，整合、分析现有成果，分别按行业、领域、项目等完善绩效评价指标体系。

（2）加强建设专家库和中介机构的数据库。提高公共财政专项资金绩效考核的影响力和权威性，进而提高绩效评价工作的效益和服务质量。

（3）健全了绩效评价与信息化建设的手段。尽快研制成国内通用的国家财政专项资金绩效信息系统，使信息系统渗透国家预算管理工作全过程，以提升绩效管理工作的效能和管理水平。

（4）建立绩效评价工作信息交流平台。将我国各地财政专项资金绩效考核相关规定、指标、工作情况等适时在平台上反映，以供国内各省份参考。

财政专项资金绩效考核工作成果的有效运用，是考察财政专项资金绩效考核工作能否取得成效的主要依据，也是保障这项工作长期持久、深入发展的基本前提。在西方国家，财政专项资金绩效考核的工作成果也获得了很充分的有效运用。例如在英国政府，以绩效评价的结果作为调整当局中长期经济目标和规划的理论基础；作为政府财政部门对各部门制订以后年度预算的重要依据；它还成为议会和内阁对各级当局的行政负责制实施的重要基础，进一步推动了政府行政负责制的贯彻与完善。在我国，尽管财政专项资金绩效评价工作才起步，但是已经展现出十分广阔的应用前景。我国的财政专项资金绩效评价工作可以分为项目、单位、部门和综合四个层次来进行，因此，我们分别从以下四个方面来探讨对其评价结果的应用。

（1）上级主管部门可根据下属部门的绩效评价结果对其协调及进行相应的激励。

前面我们提到，部门的绩效评价结果反映了该部门的工作效率和工作业绩，主管部门可以据此建立起相应的激励机制，协调下属各职能部门，调动各职能部门认真和正确旅行既定职能的积极性。对绩效评价结果优秀的部门，可采取嘉奖和表彰的方法加以激励，树立典型，把先进的管理工作经验加以宣传。对于绩效评价结果较差的部门，通过对其评价结果进行认真的分析，总结该部门在具体的行为过程中存在的问题，排查影响该部门绩效评价结果的因素，进一步追查行为人的责任，为进一步的处理提供客观依据。

（2）财政部门可以根据部门绩效评价的结果对各项专项资金进行监督。

财政部门按照权力机关批准的预算对各部门拨付了资金之后，还要肩负监督财政专项资金使用的义务。对财政专项资金监督的一个非常好的途径就是对部门财政专项资金使用和管理进行绩效评价，通过对部门绩效评价结果的分析，财政部门可以向财政专项资金使用部门提出合理化的建议，对于一些违反国家财经纪律的问题向有关部门提出处理建议，以确保国家财政专项资金的安全和有效使用。

（3）审计部门可以借助绩效评价的结果更好的实施审计行为。

审计部门的主要职责是对政府部门正确运用国家财政资金进行检查，而财政专项资金是国家财政资金的重要组成部分。审计部门对财政专项资金的检查主要通过实施一系列的审计程序进行，从财务方面检查资金的使用情况。而财政专项资金的绩效评价结果为审计部门发现问题提供了线索，使审计行为的方向更有针对性，效果更加显著。

（4）社会公众可以通过绩效评价的结果对政府部门进行监督。

社会公众是专项资金的最终服务对象，部门应用专项资金的绩效如何最终与公众的评价联系在一起。财政专项资金的绩效不仅表现在经济上，对资金使用的社会收益、环境收益及可持续发展情况是财政专项资金使用的非常重要的方面，因此，专项资金的应用绩效与公众的评价联系在一起。

但是，很多情况下由于信息不对称现象的普遍存在，普通民众在判断某部门的绩效时往往处于无所适从的境地。利用财政专项资金绩效评价指标和体系，遵循一定的程序和步骤对部门进行绩效评价，并建立有效的信息发布体制，及时将评价结果向全社会公告，让公众更明确地了解专项资金的使用绩效，从资金运用方面了解部门政绩，可以更好地实施社会公众对政府部门的监督。

第二节　项目绩效评价结果的应用

财政专项资金最终应用到具体的项目上，因此，具体的财政专项资金应用项目是财政专项资金绩效评价的基础。首先对具体的财政专项资金项目作出科学、客观、公允的评估；其次把对项目的评估结果综合成项目承办单位、政府主管部门的综合评估；最后得出较为综合的对财政专项资金的绩效评价结论。所以整个财务专项资金绩效考核的成果运用要从具体应用工程项目绩效考核的成果出发。具体工程项目的绩效考核成果在专案管理工作中的运用是全方位的，能够贯穿专案管理工作事前、事中和事后的全过程。

一、立项时重点考察项目的绩效目标

财政专项资金绩效评价结果的事前应用，主要体现在项目申请单位在进行申请时对项目预期绩效进行科学预测，资金管理部门以项目预期的绩效作为重要依据对项目是否立项进行考察。项目立项是财政专项资金产生效益的前提条件，为使财政专项资金起到应有的作用，需在立项时进行严格的审查和论证。为了将项目立项建设在科学合理的水平上，并保证项目上马后能够得到较好的效益，立项申报部门不仅必须进行深入细致的可行性研究，同时还必须制订较好的科研、生产实际业绩规划，即对项目上马后将要得到的业绩成果作出切实可行的科学预期。立项批准部门在审核立项程序中，除要全面衡量项目立项与建设的标准是否符合之外，最关键的决策依据就是看该项目上马后能够得到较好的业绩成果。因此，对项目未来业绩情况的正确预期是决定能否立项的依据。过去，因为立项标准很高，不能对项目所带来的业绩作出正确的评估而盲目立项，造成了资金的严重浪费。所以把项目管理绩效考核的结果预测真正运用在对申报立项的严格把控中走出来，可以让每一个财务专项资金建设项目都可以产生良好的业绩。

二、项目实施过程中利用阶段性绩效评价结果进行适当调控

项目绩效考核成果的事中应反映在项目管理执行过程中，并通过对项目绩效考核成果的强化资金监控，从而有效提升了项目管理质量和对专项资金的有效管理。项目进展过程中，各项目承担单位应定期向资金管理部门上报项目调度数据，资金管理部门也应定期检查项目进展情况及上报数据的真实性。以资金管理部门检查收集的数据和项目承担单位上报数据方依据，进行项目建设过程中的绩效评估。根据绩效评估的结果，以资金管理为手段，对项目进行适当的调控。

在投资监控方面，对绩效评价结果也产生很大影响，可从资金拨付和资金管理两个方面进行应用。对专项资金支持项目，尤其是投资资金量很大的项目，资金的划拨往往是分批、分阶段实施的，项目中期的绩效评价结果才能成为判断项目资金划拨次数、数量和速度的重要依据。通过对项目的阶段性评估，即评价项目的建设过程，既可以找出项目建设过程中的优势、不足以及存在的问题，进而改善和修正；又可以对项目本身进行再论证，再次验证项目的可行性、合理性和收益性。一方面，如果在项目实施过程中已经得到了较好的评估结论，可总结经验，并运用到其他类型的工程项目中；另一方面，政府除根据正常的资金拨款时间进行拨款之外，还可采取加速资金拨款时间并提供追加流动资金的方法，保证工程项目按时、按质按量地进行，从而帮助建设项目者尽快地实现最大利润。但是，如果评估结论显然达不到项目批准时的绩效目标，或者得出的评估结论十分不理想，又或者存在着如果继续该工程项目就会出现巨大损失的情形，政府应当果断中止对资金的拨款，以防止更大的浪费。而如果评估结果显示工程项目进展过缓或者实际成果与期望的绩效差距并不是很大时，可采取减缓资金拨款时间或者降低资金拨款量来加以控制。从投资管理方面考虑，建设项目中期的绩效考核结果也可以成为进一步完善项目资金使用监管检查制度的关键手段。在项目建设过程中，对财务专项资金实施监管检查的一项主要内容，便是检验项目建设过

程中有没有遵守国家的财经纪律使用财务专项资金，而这也是进行财政专项资金绩效评价的重要组成部分。通过对建设项目中期的财务专项资金绩效考核，按照财政开支效益与公众监督的需要，认真检查财务专项资金使用的合规性、合法性，检查建设项目中财务制度的健全性和项目会计的合规性等，并检查项目建设过程中是否存在开支依据不合规、虚列项目费用、超标准成本等情形，是否建立了健全的项目资本管理、费用开支等财务制度，以及是否建立了规范的会计管理体系。如果在绩效评价过程中发现项目建设过程中没有按照国家的财经纪律使用财政专项资金的问题，可按照国家的有关规定及时作出相应的处理。

三、通过对项目管理的绩效评价结果，提升企业项目管理能力

运用项目管理绩效考核成果提升管理水平是项目管理绩效考核成果的事中与事后的重要应用。项目所面对的是一种由事态、机构、人才等各种因素构成的错综复杂的问题集合体，是一个复杂的大体系。从工程的视角出发，项目通常包含多种目标要求，受到多个因素的制约。因此，衡量项目管理能力，需要综合各方面的内容，从总体、系统的角度进行。而财政专项资金项目绩效评价，以严密的评价组织、全面的指标体系、科学的评价方法、客观公正的评价结果成为衡量项目管理的重要尺度。

进行财政专项资金绩效评价时，首先对单个项目进行考察，找出单个项目的优势与不足。同时，进行评价时需将多个项目综合进行比较，给出单个项目在众多同类项目中所处的位置。其次将多个项目的评价结果汇总、对比和分析，综合多种影响因素，找出规律，分析原因，以发现问题和总结经验。提高项目管理水平的一个重要途径就是学习先进的经验，吸取失败的教训，因此，财政专项资金项目评价结果的应用非常重要的就是项目管理者将各个项目绩效评价结果进行认真的对比分析，认清自身在项目管理中的不足与优势，扬长补短，学习他人长处来补己之不足。在分析项目评价结果时，不仅注重本项目在同类项目中所处的位置及总体的评价结果，更应注意到评

价的分项结果并分析其原因，以及产生这样结果的影响因素。根据找到的原因，消除项目管理的不利因素，从根本上提高项目管理水平。

四、项目建设结束后根据项目的绩效评价结果进行激励

项目建设完成后，项目的绩效评价结果反映了该项目的绩效目标是否达到，因此，可根据立项时的绩效目标与实际绩效评价的结果进行对比，建立适当的激励机制。对于达到及超过绩效目标的项目，可采用资金奖励、优先审批后续资金、通报表扬、奖励相关人员等手段进行鼓励；而未达到绩效目标的项目则采取勒令整改、撤回资金甚至罚款等方式进行惩罚，以达到提高资金使用效率的目的。

第三节　单位绩效评价结果的应用

绩效评价成果是各单位对财政专项资金运用效益的重要体现，各单位应高度重视对绩效考核成果的运用管理工作，发挥对绩效考核成果以评促管效能，积极探索并形成了一套与政府预算管理工作相结合、多渠道应用考评成果的有效管理机制，以努力提高企业绩效意识和财政专项资金运用收益。

一、根据绩效评价结果设置合理的激励机制和跟踪问效制度

单位财政专项资金使用效益的改善，是整体单位财政专项资金使用效益改善的重要基石，为了有效提升专项资金的使用效益，不仅应注重对项目、单位资金运用的绩效评价，更应注重对绩效考核成果的有效运用，并根据成果构建起对资金运用单位的质量激励机制和跟踪问效激励机制。

目前，由于缺乏一套涵盖全面的专项资金单位绩效评价体系，财政专项资金使用单位的追踪问效机制仍然处于单项检查状态，没有从总体上与该单

位的综合管理情况结合起来。构建一个合理完备的部门绩效考核制度，从总体上考评部门对专项资金的运用以及综合管理状况，真正地体现出部门财政专项资金的运用效果，依据立项管理所制定的绩效指标，形成合理的奖励和跟踪问责机制。依据考核结果，按照业绩指标完成状况，利用资金杠杆进行跟踪问效，对绩效评价情况良好的单位，可采取追加经费或加速拨款、激励、先行审批后续经费等方式实施激励，对业绩不好的单位，可采取延缓经费拨款、降低后续资金金额、取消下年度专项资金申请资格甚至撤回专项资金等手段以免造成更大的损失。

通过设置科学的投资绩效评价系统，对单位的资金运用情况和管理工作状况加以评估，可以帮助单位在具体的投资管理工作中导入有效成本管理机制，力求以最少的费用达到最高的投资效益，从而增强了单位管理投资的积极性，使单位可以在一定总量财政资源的范围内，更加灵活地调整和运用财政资源，形成单位有效使用专项资金的激励机制和责任追究机制。

近几年，随着我国财政管理的重点从组织财政收入到调整财政支出结构、规范财政支出行为方面转变，财政部门开始逐步建立财政支出的追责问效机制，加强对各单位财政资金使用情况的检查，强调用款单位必须采取有效措施确保财政资金的高效运用，以较少的支出取得较多的收益。

二、通过绩效评价结果分析判断单位的内部管理问题

根据财务专项资金绩效考核结果设立跟踪问效制度，实际上就是要求对专项资金的使用绩效进行评价之后依据结果对专项资金的使用单位及具体责任人的奖惩制度。财政专项资金的跟踪问效机制也和财政专项资金的实际使用效果有关，而财政专项资金的管理由资金使用单位负责，因此，财政专项资金绩效评价结果在分析诊断资金使用单位内部的管理问题中起着非常重要的作用。

因为政府在计划安排时就已经确定了资金的具体运用方向，并且已经在投资项目立项时规定了资金运用的具体范畴，所以投资使用者不得任意作出

资金投入方向和领域的第二次决定，也因此财政资金运用效益的提升，主要取决于资金运用单位内部较好的经营管理体系与质量控制制度，通过发掘企业内部的投资提效潜能，调动企业的主动性、积极性与创造力，才能获得较好的经营业绩。也因此对财政专项资金运用的经营绩效考核与评估，实际上也是对资金运用单位内部的各项管理体系、人才素质和服务能力程度等几个方面的综合评估，是专项资金运用单位内部基本财务管理状况的综合体现，也可以从一定程度上体现财政专项资金运用单位内部的经营管理状况。财务管理机关和资金运用单位都可以充分运用评估的成果，通过对综合评估结论和各项评估成果对政府财务管理状况进行综合分析，对政府财务管理中出现的重大问题作出科学判断，并及时制定切实可行的政策措施以提升政府对财政投入运用管理的水平，进而有效推动政府财税专项资金的合理运用效果。

财政专项资金的宏观分配效果和微观上的使用效果有着相辅相成的联系，适当的总体规模的财政专项资金安排可以使微观主体的财政使用产生较多的效果，更少的微观主体财政使用效果会导致专项资金的总体使用效果发生下降，但更多的微观主体财政使用效果同样也可以对社会经济的资金总额增加作出贡献，其资金总额的提高会反过来增加财政专项资金的规模从而带动宏观经济分配效果的改善。因此，为进一步提高财政专项资金的宏观层次分配效果进而改善专项资金的总体使用效果，财政部门对财政专项资金使用单位的绩效考核结果进行综合分析，根据考评结果表现出的问题，剖析影响专项资金使用的重要影响因素，一方面注重专项资金的宏观层次分配，查找问题分析成因并采取相应对策，尽可能合理地分配专项资金；另一方面着眼专项资金的微观应用效果，对各个主体的专项资金绩效考核结果加以比较，寻找改善资金运用效果和改善管理质量的方法路径，向资金运用单位提供改善管理、提高效率的合理化建议，从宏观和微观两个方面提升资金的整体运用效果。

财政中小企业发展专项资金使用单位不要只是关注于绩效评价成果的好坏，更应根据绩效考核成果，剖析取得这一评估成果的重要因素，对影响绩效评价结果的各种因素加以仔细排查，并分析究竟是哪些因素保证或阻碍了评估成果的提高；在仔细检查和剖析问题原因的基础上，认真总结了本单位在财政资金管理与应用中所出现的问题与漏洞，并研究解决的方法和堵住漏洞的对策，提高管理水平。同时，资金运用单位还应通过对某项费用绩效评价结果的分析，以举一反三，尤其是针对存在的问题建立相应的预警与应对机制，为其他项目提供问题预警与参考解决方案。为了从根本上解决单位所面临的问题，并形成提高效率的社会稳定机制，资金运用单位还需要对绩效考核的结果进行深入分析，检查本单位在整体基础管理工作中出现的体制问题，并改革健全与有关的管理体系，勇于改革创新，通过体制安排和机制创新，开创包括提高财政专项资金使用效率等的各项工作的新局面，提高企业的管理水平，进而提高单位经营收益，促进社会经济资源总量的增加。

三、绩效评价结果是对考评单位领导人的重要考察依据

在领导干部人事管理实际工作中，我们已经累积了不少的干部考核与任免工作的成功经验，即干部团体要"青年化、经验化、专业性、革命化"，干部要有科学理性的年纪架构、学问构架、性别架构、政治制度框架设计，干部考核不仅仅看某一方面，要全面考察并重点考察其"德、能、勤、绩"等。但是由于缺乏对干部工作业绩的科学评价办法，在干部任免中仍然存在一些不正之风，真正德才兼备的人仍会受到排挤，且由于干部工作业绩评价的科学方法的缺乏使有些不良风气具有很强的隐蔽性。对财政专项资金使用单位的绩效情况进行科学的评价，不仅能够全面反映单位领导的工作业绩，而且可以全过程反映领导的工作能力、工作方法、处事作风及职业道德等各个方面，可以弥补领导人考核和任免中的不足，为选拔德才兼备的领导者提供客观公正的依据。一个单位的领导小组干部素质状况直接决定着该单位专项资金的使用效果，其水平的好坏也对该单位的财政专项资金绩效考核成果有着决定性的影响，所以单位领导班子的考察和任免必须把单位的财政专项资金绩效考核成果作为主要考察依据，这样不仅提高了单位干部任免的真实性和透明度，还可以减少单位干部任免中的暗箱操作所造成的贪污情况，而

且有利于德才兼备的领导人才的挖掘，提升领导班子的整体素质，改善团队结构，使单位领导班子吸收新鲜的"血液"，提高领导水平和工作效率。

第四节　部门绩效评价结果的应用

目前，我国财政预算实行部门预算的管理体制，财政专项资金的管理是通过各个部门进行的，因而财政专项资金绩效评价结果可以反映相应部门的政绩水平，反映该部门主管事业的发展状况，同时也反映出该部门的工作效率和工作业绩。该评价结果可以使上级主管部门了解该部门的政绩状况，便于相关部门的监督，同时也为部门预算的编制提供了依据。

一、利用部门绩效评价结果反映部门的工作效率和工作业绩

政府部门的工作效率和工作业绩是该政府部门政绩的主要体现形式，是人们越来越关心的问题。但是部门的政绩评价却是一项全球性的问题，由于部门政绩的影响因素过多，同时各个部门之间的相互关系又是千丝万缕复杂的，而社会条件又在不断地改变，因此，仅仅从某一角度很难对该部门的政绩作出中肯的评价。通过财政部门的专项资金绩效评价系统，以对财政部门专项资金的考核结果为基础，总揽了政府部门在各方面的作用和情况，从而可以从总体上把政府工作政绩统一到一个可衡量的标准上，从而十分形象地体现了政府部门运行的工作绩效情况。

部门的财政专项资金的绩效评价结果反映了该部门对专项资金的管理和使用效率，是该部门所主管的事业的发展状况的体现。一个部门的综合绩效评价情况很好，说明了该部门较好地使用了国家公共财政的专项资金，部门业务工作状况良好，较好地履行了社会各界和政府有关部门赋予该部门的职能；否则，就很可能导致地方政府部门的管理混乱，而不能很好地履行职责。因此，部门的财政专项资金绩效评价结果反映了政府部门的工作效率和

工作业绩，是政府政绩的重要表现。

利用部门绩效评价结果，其上级部门就能够对该部门的实际情况有一种相对客观的了解，同时运用这一评估结果，对该部门情况进行了深入细致的分析，从而找到了该部门存在的主要问题，找到各种问题形成的原因进而探求解决问题的方法，并制定针对性举措促进整改，从根本上解决问题了这些主要问题，以进一步提升部门的绩效，从而实现了较好的部门工作绩效，进而达成良好的政绩。

二、将部门绩效评价结果作为制定和平衡部门预算的主要参考依据

财政专项资金的安排是通过部门预算进行的，实行部门预算是我国财政预算管理体制的重大改革。各部门编制的预算需要依据往年专项资金绩效考核成果，并按照政府对专项资金预期绩效的调整目标实施，以加强评估成果在部门预算编制与实施过程中的有效运用，将对财政专项资金的绩效评价成果和部门预算有机融合，以提升对财政专项资金的分配绩效，并提高对其合理利用。

首先，在制订部门计划时，要根据本期财政专项资金的绩效考核结果实施。财政部门要依据绩效考核结果，对本期被评项目和单位的业绩状况等作出深入分析，在部门计划安排中形成激励机制和约束激励机制：对本期绩效考核成果优异的，在下年度预算安排时给予择优考虑；对于成绩良好或及格的，要在项目单位对出现的问题已经完成整改的前提下，在进行下年度预算时根据从严原则进行重新编制；对本期中绩效评价结果较差的单位要进行通报，下年度预算安排要从严考虑；对中期考评结果不好的单位和项目提出了整改意见，严重的要暂停项目撤回资金甚至采用罚款等手段减少国有资金的损失。通过项目绩效评价结果在预算编制中的应用，从源头上控制无绩效及低绩效的财政专项资金，提高专项资金的宏观分配效率从而提高整个专项资金的总体使用效率。

其次，部门预算编制要围绕绩效目标进行。专项资金的绩效目标是设置绩效评价指标、标准和衡量专项资金绩效的重要依据，是对专项资金使用结果的科学预测。单位在制定年度预算之前，应同时撰写预计的业绩说明书，要阐述项目费用和财务专用资金使用的必要、切实可行和效果，要提出清晰度、定量和易于评价的业绩目标，并对所提出的业绩目标加以讨论、自评，同时财务人员也要按照单位预算的业绩说明和预期的自评结果对单位预算加以评估，着重审核论证规划建设项目的必要、切实可行、效果，业绩目标和主要参数设定的科学性，以及经费计划项目定额的科学性和项目管理方案的科学性等。对由财政部门进行评估的预算建设项目，只有通过业绩评估合格且评估业绩较好的建设项目才可以进入预算编制流程且按照评估业绩顺序配置的建设项目，业绩较小或未按规定制定业绩标准的建设项目均不具有建设项目配置资质。预算编制时以业绩标准为基础，不仅可以使预算安排与预算执行目标结合起来，而且为将来的绩效评价提供了标准和依据，为科学地进行财政专项资金绩效评价奠定了基础，进而使财政专项资金绩效评价的结果更加科学、可靠，更能反映资金的绩效，也就更能有效地促进专项资金的使用效率。

各部门编制并审查完各自编制的预算之后，需要经过权威部门的最终平衡才能交权力机关进行审查，才能为该部门审批当年的可用财政。这也就是在相当时间里我国的财政资源有限，所以必须让有限的财政资金在国民经济和社会发展过程中发挥最有效的作用，这就需要通过财政权衡利弊得与失，减少无谓的开支，以保证国家重点开支的需要，制定专项资金预算。在各部门之间进行预算权衡，必须依据绩效资金的分配原则根据绩效评价结果进行。财务投资的利润分配原理只有一个，即"效率优先、兼顾公平"，所以政府在均衡各部分开支时，将往年绩效评价成果和今年的业绩要求，作为判断部门今年预算水平的基本根据之一。为促使各级预算管理机关更好地使用国家财政专项资金，如果机关的绩效考核成果较好，则根据效益优先的原理，可考虑安排更多的预算资金；如果机关绩效考核成果不好，也可考虑减少各机关的预算水平。同时参考今年的绩效目标，对各部门今年的绩效目标进行综合分析，重点审查其目标设立的可实现性、绩效指标的科学性及拟资助项目的绩效情况，根据资金承担项目的轻重缓急及预期绩效程度，有重点地安排资金预算。如此，一方面增强了政府预算管理的综合性；另一方面又增加了预算管理的透明化，以确保政府资金预算分配方式的科学有效合理与公平，使专项资金应用到确实需要且关系国计民生的关键项目上。

三、资金运用工作绩效评价结果，强化政府机关资金运用的工作行为监督

对政府财务及专项资金使用的监督，应当从事前、事中以及事后整个过程实行，事前通过部门预算编制、绩效目标制订等措施提高财政专项资金的宏观分配效率，事中和事后应对资金运用和资金绩效进行跟踪管理。目前，财政部门对财政专项资金使用单位的追踪问效机制仍不完善。但在客观上，政府跟踪监察财政专项资金的能力有限，在主观上政府对强化财政资金监管的意识也不够强，没有具体的职责体系和有效的监管手段，在现实运行中依然面临着资金制度软化、经费开支目标不明确、资金控制不严密等的困难。特别是对与各级财政部门平行的各政府部门来说，对其实施评价和监督就更加困难。近年来，各级财政围绕加强财政专项资金监督管理积极开展探索，已获得初步成效，尤其是在预算编制与实施的机制，专项资金实施工作的事中调度和事后监管等领域作出了大胆探索并获得突破性的发展，为财政强化对财政专项资金运用的监管创造了优越的条件。尽管财务、审计等机关已经强化了对各单位财政专项资金使用状况的追踪监控与审核，但从总体上看，监管财政专项资金使用的行动仍很乏力，一个重要因素就是缺乏行之有效的财政专项资金绩效评价体系，没有将评价结果运用到对各部门财政专项资金使用的监督上。山东省已经制定了《中国山东省国家级财政支出绩效考评管理工作临时方法》《中国山东省政府部门预算支出绩效管理综合评估方法》《财税经建专用资金使用绩效考评管理工作实施》等管理制度，并根据不同地区的专项资金情况构建起相应的绩效考评管理体系，在 2012 年启动了财

税专项资金的改革试点建设，并对四个专门经济资金开展了绩效考核，对全省千万元以上的财税专项资金绩效考核管理工作也于 2013 年全面启动。然而，对绩效评价结果的应用仅限于方向性的指导意见，没有运用到实际工作中，具体应用方案仍处于探索阶段。具体到各部门的监督和管理来说，一定时期各部门的绩效评价结果可从以下四个方面进行应用。

（一）上级主管部门可根据下属部门的绩效评价结果对其协调及进行相应的激励

前面我们提到，部门的绩效评价结果反映了该部门的工作效率和工作业绩，主管部门可以据此建立起相应的激励机制，协调下属各职能部门，调动各职能部门认真和正确履行既定职能的积极性。对绩效评价结果优秀的部门，可采取嘉奖和表彰的方法加以激励，树立典型，把先进的管理工作经验加以宣传。对于绩效评价结果较差的部门，通过对其评价结果进行认真的分析，总结该部门在具体的行为过程中存在的问题，排查影响该部门绩效评价结果的因素，进一步追查行为人的责任，为进一步的处理提供客观依据。

（二）财政部门可以根据部门绩效评价的结果对各项专项资金进行监督

财政部门按照权力机关批准的预算对各部门拨付了资金之后，还要肩负监督财政专项资金使用的义务。对财政专项资金监督的一个非常好的途径就是对部门财政专项资金使用和管理进行绩效评价，通过对部门绩效评价结果的分析，财政部门可以向财政专项资金使用部门提出合理化的建议，对于一些违反国家财经纪律的问题向有关部门提出处理建议，以确保国家财政专项资金的安全和有效使用。

（三）审计部门可以借助绩效评价的结果更好地实施审计行为

审计部门的主要职责是对政府部门正确运用国家财政资金进行检查，而财政专项资金是国家财政资金的重要组成部分。审计部门对财政专项资金的检查主要通过实施一系列的审计程序进行，从财务方面检查资金的使用情况。而财政专项资金的绩效评价结果为审计部门发现问题提供了线索，使审计行为的方向更有针对性，效果更加显著。

（四）社会公众可以通过绩效评价的结果对政府部门进行监督

社会公众是专项资金的最终服务对象，部门应用专项资金的绩效如何最终与公众的评价联系在一起。财政专项资金的绩效不仅表现在经济上，对资金使用的社会收益、环境收益及可持续发展情况是财政专项资金使用的非常重要的方面，因此，专项资金的应用绩效与公众的评价联系在一起。

但是，很多情况下由于信息不对称现象的普遍存在，普通民众在判断某部门的绩效时往往处于无所适从的境地。利用财政专项资金绩效评价指标和体系，遵循一定的程序和步骤对部门进行绩效评价，并建立有效的信息发布体制，及时将评价结果向全社会公告，让公众更明确地了解专项资金的使用绩效，从资金运用方面了解部门政绩，可以更好地实施社会公众对政府部门的监督。

第五节　综合绩效评价结果的应用

综合各部门的专项资金绩效评价的结果，是一级政府或一级财政支出总体状况的具体反映，可以作为考察一级政府政绩的一项标准。同时，财政专项资金的综合绩效评价结果可以作为判断财政专项资金配置的标准，也可以作为判断财政政策是否合理的依据，还可以用以控制财政风险。总之，财政专项资金的绩效评价结果可以用于财政支出管理的各个方面。

一、通过运用政府综合绩效评价结果，确定公共财政专项资金配置的办法科学合理

公共财政专项资金是我国财政投入的主要组成部分，而财政投入的源头

是政府财务收入。在现代的市场经济体制下，财政收入自由调节国家通过强制性的税收和规费等手段组织，构成了社会经济运行结果的重要组成部分，占国民收入的比重较大，往往能够占国内生产总值的较大比重。财政收入作为社会经济资源的重要组成部分参与到全社会经济资源的分配过程中，其分配状况对全社会的资源配置状况必然产生重要的影响。财政专项资金作为财政资金的重要组成部分，其分配状况的影响也是举足轻重的。判断财政专项资金的分配状况，财政专项资金绩效评价结果的考察是非常重要的手段和途径。对财政专项资金实行绩效考核，运用企业绩考评得出的成果反映出财政专项资金的使用收益与效果，是确定财政专项工作分配是否合理的客观基础所在。运用财政专项资金绩效考核系统，对财政专项资金情况加以综合绩效考核，能够较好地把效能原则与公正原则有机地融合起来，将综合绩效考核的结论作为评价财政专项资金管理分配在实践中实现程度的主要参考标准之一，比较全面地把财政专项资金分配结构的合理与否表现出来。具体来说，财政专项资金绩效评价结果对分配结构的合理性判断可从以下四个方面进行。

（一）效率领域和公平领域中财政专项资金配置合理性判断

公共财政对专项资金的选择要求遵循"效率优先、兼顾公平"的原理，同时适应经济社会发展对实现效率和实现公正的要求，以做到政府财政资源的优化分配。因为效率与公平领域之间的某种替代联系，使公共财政专项资金的分配主体需要平衡财政资金在效率领域与平等领域之间的使用结构以及实际支付份额，通过支出结构的调整和优化来实现财政专项资金配置的整体最优。在整体财政专项资金分配领域，资源配置主体的效率偏好与公平倾向之间并没有一个平衡状态，偏好的过分偏移往往会造成支出结果无法切实反映"效率优先、兼顾公平"的基本原则，从而影响整体财政专项资金的总体绩效。而通过对特定时期整体财政专项资金绩效评价结果的综合检查和解析，就能够查找资源配置中的重大问题，从而有效减少长线领域中的开支规模，扩大在支出不足领域中的投资规模，让数量有限的整体财政专项资金在推动经济与社会发展、维护社会稳定过程中起到了良好的作用。如通过持续几年的绩效考核与实施，可以积累起连续的成果数据库，还能够利用各个年份之间的比较数据分析等方式，总结财税专项资金实施中具有规律性的经验与教训，进而进一步完善工作，以提升国家财政资源的合理分配效益，从更深层次上实现了社会的公正。

（二）高效领域和非高效领域中配置结构的合理性判断

除了财政资本分配的效益为优先原则外，还需要正确处理好对效率领域投资与非效率领域投资之间的相互关系，并掌握效率与非高效领域投资对社会主义法治建设及社会经济成长所产生的不同影响。效率领域投资是指与社会经济发展有直接联系的投资领域，在这种领域上如何进行合理发展对社会经济的成长也将产生重要的影响，例如政府财政加强了对基建、教育、科研等的支持力度，会大大提高国民经济发展的长期能力。而非效率领域投资虽然对社会经济成长并不会直接产生影响，例如在政府经费与支出领域上，但政府机关的良性运行将能够为经济社会发展创造良好的外部环境。通过对特定时期财政专项资金的绩效评价，能够让人们明确轻重缓急，在国家有关战略方针的引导下，在财政专项资金各种不同的运用方面和方向之间寻找最优化的分配方式，作出准确、理性的选择。

（三）在实现社会公平中作用程度的判断

通过评价结论，即可知道财政专项资金在实现经济社会公平中，是不是取得了相应的效果。在国民收入划分序列中，财政专项资金属于初始配置后的再分配。财政收入与国家收入再分配的另一项主要目标就是实现社会效益的公正化。例如，虽然财政专项资金在加强国家重点项目建设工作中发挥了重要的作用，但毕竟财政专项资金数量是很有限的，全部靠公共财政"兜底"是不现实的。而通过对这些财政专项资金绩效的再评估，可以进一步改善支出方式，从而更加有效地发挥财政专项资金"四两拨千斤"的功能，使重点项目早日发挥应有的功效，创造更大的社会财富，实现全面小康社会的目标。

（四）财政专项资金规模的判断

财政专项资金规模的大小是由供给的可能和需求的强度所决定的。通常情形下，人们对财政投入的需求量总是超过财政投入的供应量，专项资金成为财政投入的主要组成部分，管理财政专项资金的开支规模成为财政开支控制的主要任务。但是，为确保对国计民生起关键作用的项目顺利建设，保证国家宏观调控的政策力度，适度的财政专项资金规模是必需的。财政专项资金是否能够发挥预期的作用与专项资金的规模密切相关。衡量规模适度与否的一个客观依据就是对这些财政专项资金进行绩效评价的结果。评价结果优良则说明资金支出规模适度，否则必须对评价结果进行认真的分析，进行适度及时的调整。

二、依据综合绩效评价结果准确把握财政政策效应

财税政策，是我国调节宏观经济的一种重要国家政府工具，分为投入政策措施和支出政策措施。根据国家政府对宏观经济的调节方向，人们通常把财税政策区分为扩大性财税政策和伸缩性财税政策。财税专项资金是国家财政开支的重要部分，财税专项资金绩效评价制度在考核财税措施的效果时，一般运用于扩展性财税措施领域中。可扩展性财税措施通常体现为扩大开支或减免税，如果两者兼顾，则通常会出现巨大财政赤字。在实际中，一般把能避免政府部门盲目扩大或积极限制财政赤字的可扩展性财税措施，作为积极财务政策措施。财政专项资金的配置管理是财政政策的重要组成部分，其绩效评价结果可以作为控制财政赤字的重要依据和手段。

从财政支出政策的作用机制来看，扩张性的财政政策主要通过扩大支出总量规模来改变整个宏观经济的运行态势。但支出结果的调整优化和支出后财政资金使用效率的改善对于准确控制和把握支出扩张规模具有非常重要的意义，因为在财政支出总量规模没有扩大的情况下，支出结构的调整和财政资金使用效率的提高也可以达到扩张性财政政策的目的。既然对财政支出进

行绩效评价的目的是调整支出结构、促进各微观经济主体提高财政资金的使用效率，财政支出绩效状况和财政政策的扩张力度有十分密切的关系。

　　就目前情况而言，财政专项资金绩效考核成果在体现财政政策效果时，大多运用在扩展性财税措施领域中。因此，政策制定者必须紧密关注财政专项资金绩效成果，在政府运用扩张性财税举措刺激宏观经济走向景气之际，就必须把财政专项资金绩效考核成果当作一项关键的政策变量考察，以便做到正确掌控政府投资总量，从而实现财政政策扩张的适度，使政府投资效果最优化。例如对财政专项资金结果结构和规模的判断，人们就能够选用科学合理的评估指标体系和评价方式，对财政专项资金的综合绩效作出客观公允的评估，对其政府效果进行客观公允、正确的评价与评估，并充分利用评价结果来判断财政专项资金的结果结构与规模，以便调节政府公共财政措施的扩大程度，增强制定财政专项资金政策的科学性，进而促进整个财政政策的科学性和适度性。

　　近些年，我国经济虽然在总体上走出紧张状况，但由于受供应相对过剩的影响，以及 1997 年开始受欧洲金融危机的影响，企业和居民的投资积极性不高，宏观经济增长遇到了前所未有的压力。正是在这样的经济背景下，我国财政政策发生了转折，启动了积极的财政政策。截至 2002 年，政府连续采取了 5 年的积极财政政策，累积增加了长期建设国债 6600 多亿元，直接引导的社会融资达到了 32000 多亿元（2003 年 2 月 25 日《中国证券报》），取得了良好的效果，确保了国内生产总值 7% 以上的较高增长速度。近几年的积极财政政策的效应得到了较好的发挥，政策力度把握比较合理。但是，已有的研究也说明，积极财政政策的效应正处于递减的状态，不仅对民间投资的拉动能力递减，而且在一定程度上存在对民间投资的"挤出"效应。在新的经济形势下，人们需要选择科学合理地评估指标体系和评价方式，对公共财政专项资金进行绩效评价，全面考察积极财政政策的绩效，对其政策作出公允、正确的衡量和判断，充分、有效地利用评价结果来确定支出结构，选择财政政策的继续推行还是逐步淡出，为制定科学的财政支出政策提供客观依据。

三、运用企业绩效评价技术管理财务问题

现代市场经济中，经济运行的风险进一步加大。经济对信用的依赖性进一步增强，全球化速度加快，虚拟经济的膨胀背离实体经济，这一切都使经济风险防范成为一个亟待解决的课题。如果宏观经济调控者不注意防范风险，或者防范的措施不力、技术不高，风险积蓄到一定程度就会引发全面的经济危机。从历史经验来看，由于经济风险防范不力而致经济危机的爆发主要有三种表现形式，即金融（货币）危机、财政危机、国际支付危机。可以看出，由于公共财政是所有经济风险的最终承受者，防止财务风险危机就变得尤为重要。为预防重大财务经营风险，政府必须建立财务监控与预警制度。由于财政开支情况直接影响财务专项资金的安全运转，而财务专项资金又是政府财政开支的关键部分，所以对财政专项资金的监控十分必要，是财政监控的重要组成部分。

目前，我国财政的压力较大，财政赤字和债务规模都比较大，且增长较快，存在一定的风险。为了防范财政风险，国家应当建立有关财政收支情况的监控制度，通过增加财政收入和控制财政支出来控制财政赤字和债务规模。经过几年的连续高增长之后，财政收入增幅开始下滑。要控制或减轻政府财务压力，以改善国家财政状况，除了采取措施限制政府开支规模、调节开支结构之外，比较可行的路径就是改善财政支出的绩效，节约财政资金，以较少的财政支出满足社会对资金的需要。财政专项资金是指上级人民政府划拨给下级行政区域内或者由本级人民政府设立的有法律规定用途的经费，为促进某类事业发展而设置，在财政支出总额中占有较大比例。提高财政专项资金绩效，不仅能够节约开支，调整支出结构，而且能够增加财政收入，改善经济状况，有效地防范了风险。

虽然财政部门早已建立了财政收支月报、季报、年报制度，并通过各类报表提供的信息为决策服务，在一定程度上对财政收支起到了监控作用。但是，由于这些报表重点关注收入和支出的总量与结构，没有将支出后财政资

金的运用绩效纳入监控体系，或者只是在有关分析中稍有涉及，未能引起足够重视，在建立财政运行监控制度方面还存在明显缺陷。财政专项资金作为财政支出的主要部分，积极展开绩效评价可以弥补这一不足，并将绩效评价结果纳入财政运行监控体系，提高评价结果在防范财政风险中的地位，而且绩效评价应当成为新的财政监控制度的基础，更加有效地为制定科学的财政政策服务。

总之，财政专项资金绩效评价不是可有可无的，评价结果也不应束之高阁。通过开展财政专项资金绩效评价，对评价结果进行深入钻研和剖析，对于加强财政各方面的管理都有着积极的意义。通过一段时间的尝试与摸索，国家一定要在形成科学合理的公共财政专项资金绩效考核的基础上，积极运用评估成果，切实发挥评估成果在配置财政、提升经费运用效益以及强化财政监督等领域的重大功能。

| 第九章 |

财政专项资金绩效评价信息平台规划研究

第一节　财政专项资金绩效评价信息平台建设

从前面的分析得出，财政专项资金的绩效评价结构复杂，评价对象不仅数量庞大而且类型各不相同，评价主体涉及政府、部门、单位、项目、公众、专家、第三方机构等；评价数据类型多样，非结构化数据较多，统计分析困难，结果应用困难。鉴于专项资金绩效评价的这些特点，建立财政绩效评价信息平台已成为亟待解决的课题。

一、财政专项资金绩效评价信息平台现状

随着政府信息国际化和行政管理信息化的深入，财政信息化建设已取得了长足进展。财政部门于1999年着手筹划建立"政府财政信息系统"，并于2002年正式批准定名为"金财工程"，实实在在地推动了政府财政的数字化管理工作。"金财工程"以涵盖各级政府财务管理机关和公共财政资金运用机关的横向三级网络为依托，以逐步规范化的部门计划管理为主要基础，以政府全部财政收支全部进入公库单位账户为基本模式，以计划指标、用款计划和购销订单为计划实施的主要机制，以出纳环节高度聚集和实现了公库资

金的高效调度运用为主要特色，以进行收支情况的全过程监督、增加政府财政投入使用收益为主要目标，集中体现了政府公共财政改革的基本特点。随着国家"金财工程"的深入，中国各级财政机关也逐步实现了行政与财务管理的数字化。

支出过程的管理，系统中缺乏对资金支出绩效的考评机制，因而对于支出资金的使用效率缺乏有效的监督和管理模块。此外，财政专项资金的绩效评价所涉及的部门不仅仅只有财政部门，与其他部门之间也有着千丝万缕的联系，"金财工程"的平台很显然无法满足这种细致的连接。要实现财政专项资金的有效监控，协调各部门之间的联系，建设专门的财政专项资金绩效评价信息平台已成为必要的措施。

目前，我国许多地市已经开始尝试建设财政支出绩效评价的信息平台，逐渐实现了对财政收支各项目绩效评价信息系统的构建，北京、上海、广东、浙江、江苏等省份在这方面处于领先的地位。例如，早在 2008 年，广东省已经开始针对一些专项资金项目尝试采用基于层次分析模型的 Excel 工具进行绩效评价的信息系统开发，逐步建立起财政专项资金绩效评价信息平台，积极展开信息平台的建设研究，北京则建立了主要由项目库、专家库、基础信息库系统、绩效评价数据库和绩效评价业务平台组成的财政支出绩效管理信息系统。目前的绩效评价系统一般包括绩效目标申报模块、绩效跟踪模块、绩效评价模块等模块，完成绩效评价的基本功能。然而，对绩效评价体系的动态设置、流程整合、数据挖掘、结果应用等方面，现有的绩效评价平台及财政信息系统已无法满足当前财政专项资金绩效评价的需要。

二、财政专项资金绩效评价信息平台建设的必要性

如前所述，财政专项资金绩效评价的特点决定了采用人工的方式进行评价几乎是不可能的，且涉及部门、单位较多，关系复杂，评价主体、评价对象繁多，数据量大等，使建立信息平台进行财政专项资金绩效评价建设势在必行。

（一）现有的信息平台存在许多不足之处

绩效评价信息系统的开发与绩效评价业务的发展研究有着密切联系，该信息系统不仅需要实现绩效评价管理功能，还要求能提供按照财政支出功能科目"类、款、项"分类的绩效评价指标体系，以支持绩效目标的申报及绩效评价等业务。目前，各地实施的财政支出绩效评价平台还存在诸多不足。例如，注重资金支出结果而忽略过程，对数据进行统计而缺乏深度分析，注重结构化数据而对非结构化数据挖掘不足，与"金财工程"平台、电子政务平台等已有系统数据交换困难，评价结果应用尚不完善等。这一切都使财政专项资金绩效评价综合服务平台的开发成为迫在眉睫的工作。

（二）建立财政专项资金绩效评价信息平台使数据收集、统计及处理分析具有更高的时效性和准确性

建立财政专项资金绩效评价信息平台，能够同时从各个部门及资金使用单位收集数据，由系统根据预设程序进行统计分析，自动生成评价报告，同时与财政部门数据库及电子政务系统进行对接，使数据收集、处理、统计分析及评价报告一气呵成，提高了数据处理的时效性，为财政决策提供更好的决策参考。

（三）建设公共财政专项资金绩效考核信息系统网络平台，可以有效减少评估程序中的主观因素，进而使评估结论更加具备权威性

采用人工方式进行财政专项资金绩效评价，评价过程或多或少都会受到评价者的影响，带有主观色彩。同时手工统计汇总数据处理过程中难免会发生人为统计错误，造成汇总过程与业务实际进行过程发生偏离。采用信息平台的方式进行评价，按照既定的标准由计算机系统自动进行评价并生成报告，这种方式减少了整个过程人员的参与，同时增强了评价结果的客观公正性。

（四）建立财政专项资金绩效评价信息平台，能够对绩效评价数据进行数据挖掘，得出更有价值的信息

财务专项资金支付项面宽、数量多，对各项用款单位自我评估材料的整理工作量大，核对与整理工作难度大，利用大数据思想、数据挖掘工具对评价数据进行处理，能够有效汇总和分析非结构化数据，采用深度学习的思想对数据进行挖掘则会得出更加有价值的信息，更好地为政府决策、企业决策提供数据参考。

（五）建立财政专项资金绩效评价信息平台，能够有效整合现有信息平台的信息，有效利用评价结果

财政专项支出业绩管理虽然已经越来越受到社会关注，但因为缺少有效的业绩审核、业绩信息沟通和绩效反馈等机制，项目实施和立项后的绩效反馈效果并不强，绩效评价也未能融入项目费用分摊和监督管理的整个过程。在专项资金分配方式中，目前仍未体现出"业绩优先分配"的基本理念。建设国家财政专项资金绩效评价信息网络平台，以实现中央与财政现有的计划管理、财务，以及主管部门的项目管理、绩效管理，政府的电子政务平台，企业的 ERP 等现有系统的有效连接及数据共享，在更有效地收集数据的同时能够将评价结果及时反馈到各个系统中，为问题诊断和改进、决策参考及管理水平提高等提供依据。

因此，亟须一个更加完善、综合的财政专项资金绩效评价平台，改进现有平台的不足，发挥现代信息技术、通信技术的优势，更好地完成绩效评价的工作，对专项资金进行更及时有效地监控，更加有效地提升专项资金的使用收益，提高政府及企业决策的科学性和准确性。

三、财政专项资金绩效评价信息平台的可行性

建立财政专项资金绩效评价信息平台对提高财政专项资金绩效评价的公

平性、客观性、时效性等具有重要意义，而且在建设环境、经济条件、技术条件等方面都是可行的。

（一）环境可行性分析

目前，各级政府对专项资金的绩效十分关注，并要求各部门必须全力配合财政部门完成财政专项资金的绩效评价工作，各地财政专项资金的绩效评价工作如火如荼地展开。山东省在国务院、财政部的政策方针指导下，2012年对农村现代流通服务体系等四项专项资金展开绩效评价试点，并于2013年对千万元以上的专项资金全面展开绩效评价工作。财政专项资金的绩效评价工作由财政厅领导、各部门的财务处负责协调各项资金的负责处室，以及由各处室抽出专人负责各地市的专项资金评价工作，从组织体系上对顺利进行专项资金绩效评价提供保障。各地纷纷出台专项资金的绩效评价管理办法，要求各个部门全力配合。因此，各项政策的颁布实施、各级部门的重视以及组织体系的建立为财政专项资金信息平台的建立提供了良好的政策及组织环境。

（二）经济可行性分析

经济方面，需对信息平台的建设成本、平台建成后的收益及后期运营成本进行分析，财政专项资金绩效评价信息平台的成本构成，如图9-1所示。

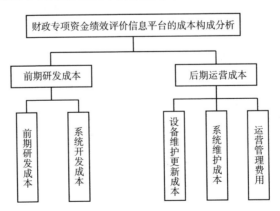

图9-1 财政专项资金绩效评价信息平台的成本构成模型

首先，信息平台的建立需要一定的成本，包括前期的研发及系统的实施，主要包括软硬件的投入和人力资源的成本。在信息技术相当发达的今天，建设财政专项资金信息平台需要的硬件投入主要是服务器及服务器机房的建设，完全可以通过服务器托管或将服务器安放在财政部门网络中心解决这个问题，从而降低成本。软件和人力资源投入相对较大，因为需要开发专门针对财政专项资金绩效评价需求的信息系统，更需要与财政部门的预算等已有系统进行对接，与各政府部门的电子政务系统对接，与企业的 ERP 等系统进行数据交换等。由财务部门对各主管部门以及资金使用单位进行协调，成本会大大下降。

其次，信息平台建立以后，其重要的作用不仅仅表现在对数据收集及统计分析的自动化上，而且表现在评估失效的加强，结果更具客观性，对结果的分析更加深入从而提供的信息就更具有价值。而且，建立信息平台以后，不仅可以就专项资金的绩效进行评估并分析结果，而且能够与预算编制与执行、电子政务、企业 ERP 等系统进行数据共享，提高各项决策的科学性；建立项目库、绩效评价数据库等，提高专项资金分配、使用的收益，更好地达成各项专项资金的投资目标；各项数据收集、统计分析、挖掘等全部由系统自动完成，能够有效地节约人力成本。从以上分析表明，一旦专项资金绩效评价信息平台建立，会为专项资金绩效评价带来更大的收益。

最后，后期的经营成本费用还包含了经营管理、系统维护管理费等。前期费用如系统建设费用等主要由政府承担，后期运营费用由于系统提供信息服务等功能，可由接收信息服务的单位承担以实现投入和产出的平衡，且采用信息平台进行绩效评价以后所节约的人力资源成本等要远大于平台后期运营维护的成本。

综上所述，建设财政专项资金信息平台具有很强的经济可行性。

（三）技术可行性分析

在信息技术发达的今天，建设财政专项资金绩效评价信息平台在技术上存在的问题不大，基于 . Net 或者 J2EE 的架构可以为信息平台的建设提供基本架构。

1. 基于 . Net 的技术架构。. Net 框架是一个语言组件设计与实施平台，它构建了一种跨编程语言的统一程序设计平台。. Net 框架的重要目的，就是促使开发更方便地构建 Web 应用程序与 Web 平台，也促使在互联网上的各种软件之间，能够通过 Web 平台实现交流。从层次结构的角度来看，. Net 架构又分为三种重要部分：公共编程语言工作时间（CLR：common language runt ime）、服务框架（services framework）和上面的两类使用模块——常规的 Windows 使用程序模块（win forms）和采用 ASP NET 的面向 Web 的网上软件模块（web forms 和 web services）。财政专项资金绩效评价信息平台可采用微软的面向服务架构来设计，基于 . Net 架构开发，中心数据库采用 MS SQL Server，数据交换使用 Biztalk，在安全性、技术先进性、扩展性等方面更有保障。

2. 基于 J2EE 的技术架构。J2EE 是在第二代 Java 技术基础上产生的新架构系统，是一种能够在企业层次上实现运营的模型，并且能够在环境中有效应用；可以实现并支持各种各样的关于计算机系统工作环境的要求和内容，是一种非常高级的、多层次的实用型平台，并具备着高度的安全性和可靠性，并能在某种程度上扩展和延伸。J2EE 结构中，Java 的 Servlet 和 JSP 都需要翻译为 Java 的 Class 才当作 Servlet 执行，这样，执行效果就会大大提高；而且 J2EE 是一个完全支持和运行 XML，包含了独特的检验和调查 XML 的方式。XML 可以处理很多独立的平台上的信息，J2EE 就是开发这种独立平台的工具，前后者的结合使体系结构比较完善。

建立国家财务专项资金绩效考核数据系统时，可通过面向的信息技术结构（service-oriented architecture，SOA），基于 . Net 和 J2EE 的创新技术，松耦合的设计模型。使用了普遍认可的规范（如 XML 和 SOAP）提升了在各不同信息网络平台间的互动性，而松散耦合方式则把在分布式计算过程中的所有主要参与者都分隔了出来，而互联网中两边在某方面的改动并没有影响到另一方，因此，两者的整合就意味着信息网络平台都能够实现某些 Web serv-ices，而不必对使用这些 Web services 的客户端的各种科技知识有什么了解。

因此，建设财政专项资金绩效评价信息平台在技术方面存在很强的技术可行性。

第二节　财政专项资金绩效评价信息平台构建目标与原则

财政部专项资金绩效考核信息网络平台，是基于增加专项资金绩效的评价效果与收益，以提高专项资金绩效考核信息价值为目的而建立的网络平台，其最终目标是提升财政部专项资金信息的应用业绩，并为政府部门和管理人员决策时提出更价值的参照根据。因此，财政专项资金绩效评价信息平台将着眼于财政专项资金从申报、管理到支出的全过程，涉及的部门、单位众多，处理的数据量不仅巨大而且结构复杂，信息平台的构建必须满足创新性、整体性、跨平台性、经济实用性等原则。

一、财政专项资金绩效评价信息平台构建的目标

财政专项资金绩效评价信息平台将着眼于财政专项资金从申报、管理到支出的全过程，提供一个信息收集、信息处理、信息共享、结果挖掘以及结果反馈的平台，为政府的资金分配、财政政策制定及企业的管理决策提供数据依据，因此，平台的建设目标可分为总体目标和具体目标。总体目标包括以下五点。

1. 为财政部门进行下年度预算提供上年度及本年度预算执行收益信息。

2. 为政府制定财政政策，确定投资方向提供数据参考信息。

3. 为企业和部门进行管理问题诊断提供数据，提升企业管理水平。

4. 使公众对政府财政专项资金使用的方向及绩效有更多的了解，提高政务公开水平，进而增强社会公众对政府的监督力度。

5. 从资金使用的方面反映政府政绩以及相关单位绩效，为部门或单位负

责人的考评提供依据。

具体来说，建设财政专项资金绩效评价信息平台应达到的具体目标包括以下五点。

1. 实现财政专项资金项目申报信息化，优化项目申报流程，提高申报效率。项目申请的信息化可以降低层级申请的烦琐，优化申请过程，保证大数据的真实性以及项目申请的真实性。通过电子申报表既能详细完整地记录项目的详细信息，又能实现申报表的信息标准化，避免出现信息缺漏、错填，同时能够实现对项目申报的监督，做到公平、公正。另外，通过项目资源库的建立，还能够减少重复、低效项目的建立，从而有效提升专项资金的利用效果。

2. 简化工作流程，快速获取数据信息。财政专项资金平台需要大量的财政相关数据支撑，包括录入的财政专项资金信息及需要调用的其他平台的数据信息，例如专项资金预算数据、资金支出数据及相关支出效果的资料等，因而对数据的有效存储是平台建设的具体目标之一。信息平台需要建立一套良好支持绩效评价与管理的信息录入系统，简化工作流程，快速收集并储存数据信息，建立功能强大的数据库，为平台功能的实现作数据支撑，实现快速、准确、方便的绩效评价管理。

3. 打破传统绩效评价管理模式，实现信息技术与绩效评价的结合。绩效评价的客观化、数据化、流程化、信息化能够充分体现绩效平台较传统绩效评价方法的优势，平台可以通过调度系统获取专家库、指标库、中介机构库中的信息，进行多维统计分析和深度挖掘，形象化地显示绩效评价的结果，最终通过结果应用可以得到绩效评价的应用反馈。信息技术促使了绩效评价流程标准化。

4. 灵活设定财政专项资金绩效评价指标，发挥评估指标的功能。在整个国家财政专项资金绩效考核研究过程中，指标体系的建立一直是考评的核心内容，是决定考评结果的关键性因素，而针对不同的专项资金、不同的时空条件，专项资金绩效评价的指标体系应该进行适当的调整，信息平台必须完成动态指标体系设置的功能，方便完成指标体系及评价标准的设置和调整。

5. 实现信息反馈，完善预算的有效使用。如前所述，政府进行绩效考核工作的最根本目的与落脚点就是绩效考核成果的应用，因此，平台也需要进行对绩效考核成果的信息反馈，并且通过与财政的预算体系、经济主管部门和政府的电子政务体系、资金使用单位的 ERP 体系等的数据共享，以及视频门户的信息发布体系，可以进行绩效成果与费用挂钩，以及为政府部门与资金使用单位进行的管理问题诊断并提供咨询服务，以及关于专项资金使用绩效的信息发布等方面的财政与专项资金绩效考核成果应用。

二、平台构建原则

为达到财政专项资金绩效评价信息平台建设的目标，其构建要遵循以下五条原则。

（一）创新原则，体现先进性

计算机的发展十分迅速，必须尽快掌握最新的科学技术，应用最新的科学技术，使现代化计算机比原系统有质的飞越。财政专项资金绩效评价平台要在其他省份已有的平台基础上，利用新的技术在技术方面取得创新，充分发挥平台的作用，辅助相关部门完成绩效评价的工作。

（二）整体原则，体现完整性

财政专项资金绩效评价系统可以理解为一个合理的"闭环"系统，系统建设的目标应当是这个"闭环"系统的完善。财政专项资金绩效评价涉及众多的部门、单位，从时间上考虑又包含了许多的环节，信息平台的建设应从总体上进行规划，应用整体原则，强调各部门的整体协调，各个环节的紧密配合，共同完成财政专项绩效评价的整体闭环控制。

（三）可持续发展原则，体现超前性

在信息技术高速发展的当今社会，建立财政专项资金绩效评价信息平台不能仅仅简单地考虑眼前的利益与需求，更要考虑到信息平台的长远需求。无论是在硬件方面、技术设计开发方面还是财政专项资金绩效评价信息平台

的规划设计方面，都要采用预见性原则和可持续发展的原则，同时还要保证其技术的成熟和产品的可用性，这样在财政专项资金绩效评价信息平台的开发成本和后期维护成本将会大大减少，同时还能够保证满足用户习惯性的操作以及完美的用户服务。

（四）经济原则，体现实用性

大且全和高精尖科技并不算实现企业计算机管理信息系统建设的主要技术标准，而事实上很多已经落伍的计算机管理信息系统建设也就是因为盲目推崇领先科技而忽视了其实用价值，因为盲目推崇完善的计算机管理信息系统建设而忽视了本企业单位的科技、管理工作力量和整体素质。因此，建立公用财务专项资金考核数据信息网络平台，不仅要保证网络平台功用齐备、技术世界领先，还要遵循经济效益实际的基本原则。

（五）安全可靠性原则

财政专项资金信息平台通过国际互联网作为通信媒介，基于 Web 进行系统开发，信息平台的建设必须考虑来自网络的威胁，安全性和可靠性是信息平台构建时必须考虑的重要因素，尤其是关于信息平台的重要数据库以及访问权限的设置，最终能够防止"黑客"或是"网络杀手"依据信息平台的漏洞而进行恶意入侵的问题，只有这样才能够保证信息平台的正常运行避免造成系统灾难。同时由于信息平台面临处理数据量大，涉及重要信息多，数据信息更新及时等重要问题，所以其可靠性的考虑是必不可少的，在规划设计时必须应用多种备份保护手段以保证其运行的可靠性，以预防因信息平台的崩溃或信息的篡改而对政府、社会及企业造成的不必要的损失。

第三节　财政专项资金绩效评价信息平台需求分析

财政部门专项资金绩效考核系统旨在支持财政与计划行政部门按照确定

的业绩标准，采用合理、适当的绩效评价方法、考核尺度和评估手段，对部门在实施项目活动中所支出费用的经济型、绩效度和效益性作出客观、公允的判断。公共财政专项资金绩效考核平台是一种单独的有机整合的项目管理平台，通过与财政开支绩效考核平台的链接，充分发挥其统一管理、集中调度的优势，实现财政支出绩效评价工作的信息化。为了能够更好地发挥平台的优势，从功能和信息两个方面对平台的需求进行分析规划。

一、用户模型构建

用户结构模型，主要用来说明信息平台的使用结构和应用主体与信息平台间的相互关联，根据财政专项资金绩效评价理论，以及根据财政专项资金绩效考核信息平台建设总体目标，确定了信息平台的使用者主体分为中央财政、地方各政府部门、投资项目主管部门、资金运用单位以及广大的社会公众，财政专项资金绩效考核信息平台的使用结构模型如图9－2所示。

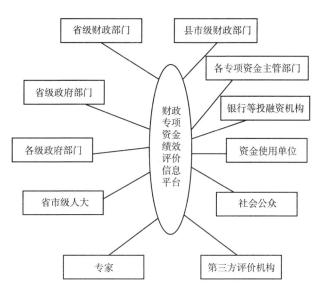

图9－2　财政专项资金绩效评价信息平台用户结构模型

二、用户信息需求分析

根据对财政专项资金绩效评价用户模型分析，不同的用户所需的信息服务是不同的。政府部门关注的是资金使用的绩效如何，有哪些信息可以为下年度预算及各部门考核提供依据；资金主管部门关注的是哪些资金使用单位及项目的建设绩效良好的，而哪些是绩效差劣的，需要对哪些项目追加资金或给予奖励以鼓励其建设，而需要停止或者撤回哪些项目的资金等；资金使用单位则会关注本单位项目在整个专项资金使用项目中的绩效程度，找出差距，对照详细的评价细则及得分情况，获取诊断管理问题的信息；社会公众则关心财政资金的投向及支出的合理性、合规性问题，从中获取政府的绩效信息。具体来说，各层次的用户具体需求如表9-1所示。

表9-1 　　　　　　　　　　　　　　　**用户需求**

用户	信息需求类别
省政府	各项专项资金的结构及最终绩效情况
市、县政府	本地区专项资金绩效及在全省中的位置
省财政部门	各专项资金的结构及支出绩效，下年度预算编制的参考数据
市、县财政部门	本地区各项资金的绩效收益情况
财政专项资金主管部门	所辖专项资金资助项目的绩效情况
资金使用单位	本单位项目的绩效情况，对应各项指标的得分情况信息
银行等投融资机构	专项资金支出绩效及反映出的投向信息
各级人大	专项资金分配及支出的合理、合法、合规性及各项政策的合理性
社会大众	财政资金使用的去向及绩效，政府的政绩

三、用户功能需求分析

财政部门专项资金绩效考核平台，旨在支持国家财政与计划委员会行政部门按照已确定的绩效总体目标，利用科学、合理进行的绩效评价指标体系、评估准则和评价方式，对部门在承担任务过程中所支出费用的经济性、绩效性和收益性，作出客观、公允的评估。公共财政专项资金绩效考核平台是一种单独且有机统一的项目管理平台，通过与财政开支绩效考核项目数据库相连，充分发挥其统一管理、集中调度的优势，实现财政支出绩效评价工作的信息化。从用户角度来分析，实现的功能如下。

（一）政府

政府及财政部门需要从系统获取支持制定各项财政及经济政策的数据信息，因而需要信息平台提供各种数据统计分析、报表生成以及数据深度分析的功能。

（二）财政部门

财政部门还必须对本级政府财政部门所管理的各类专项资金进行绩效评价、监督以及预算编制的工作，需要系统提供数据的采集、统计分析、评价打分、结果展示、综合报告生成、监控数据挖掘及呈现、预算执行预警及预算编制数据参考等功能。

（三）各项专项资金主管部门

专项资金管理部门要对所管理资金支出绩效进行评价，通过评价监督专项资金的支出情况。因此，平台必须为专项资金管理部门提供项目申报、项目立项审批、项目结题、项目调度、项目绩效评价数据采集、项目绩效评价、资金使用单位绩效评价、专项资金的自评报告生成及提交、评价结果展示及提交等功能。

（四）专家及第三方评价机构

作为第三方评价机构，专家及中介机构需要信息平台完成的功能主要包括绩效评价数据收集、筛选、统计分析、实施评价、报告生成及提交、信息查询、问题咨询与诊断等功能。

（五）专项资金项目承担单位及项目组

对专项资金项目进行了绩效考核，最终将会落实到各个专项资金项目上，而项目承办单位也将按时向有关主管部门上传项目信息，并对项目管理业绩进行自我考评，因而要求信息平台提供项目申报、调度信息上传、绩效信息，并提供绩效数据自动评分及问题诊断等功能。

（六）社会公众及银行等投融资机构

社会公众和银行等机构主要从信息平台获取资金投向及绩效的信息，需要平台提供的功能包括项目立项公示、项目建设进度信息、项目绩效评价结果展示以及专项资金结构分析等功能，并通过与电子政务系统的数据共享监督政府行为。

因此，针对各平台用户所需的功能，专项资金绩效评价信息平台应建立一个从项目申报到项目结题，从绩效评价数据收集、结果呈现到绩效评价结果反馈应用，功能全面，整合多个平台的综合服务平台。

第四节　财政专项资金绩效评价信息平台总体架构设计

根据上述对财政专项资金绩效评价信息平台的需求分析，我们对信息平台的体系结构进行了规划。体系结构学是指以系统工程的观点考察系统中各种因素的相互作用及其层次结构，并研究系统中各要素间的信号传输、实现功能的相互依赖等关系问题。而通过前面对财政专项资金绩效评价信息平台的需求分析，可以认为，构建财政专项资金绩效评价信息平台也是一个复杂的系统工程，因此，构建财政专项资金信息平台必须从纵、横两个方面明确平台体系结构的各个层面，确定平台与各部门及企业原有信息系统的关系，从专项资金绩效管理的全过程功能需求角度去设计财政专项资金绩效评价信息平台的体系结构。

一、总体概述

　　财政专项资金绩效考核信息系统平台定位于全省性财政专项资金绩效考核的综合服务平台，所以信息系统平台将在服务内容与技术等方面，构建不同层次的技术服务以适应社会的需要，并建立基于业务的结构体系（service oriented architecture，SOA）进行规划设计，采用构件技术，建立财政专项资金绩效评价的数据资源库，能够充分发挥社会资源的优势，实现公平和公正的专家评价、第三方评价、主管部门评价以及综合评价，实现统一管理的指标体系。平台上主要分为基础工程信息管理系统、项目计划管理系统、工程项目信息系统、绩效管理四大体系，并搭建起项目资源库、专家库、评价指标标准库、企业库、案例库等支撑数据库，并提供与企业 ERP、财务部门的预算与预算管理系统、政府的电子政务系统之间的数据交换平台，通过门户网站向社会大众提供信息公开，功能涵盖财政专项资金绩效评价的各方面，为财政专项资金绩效评价提供便捷、高效的绩效评价的系统化信息管理。

　　财政专项资金绩效评价信息平台采用 N 层架构，模块结构主要包括平台支撑层、应用支撑层、应用系统层、门户平台层以及保证系统安全可靠运行的统一管理和统一安全支持平台。

二、设计依据

　　财政部的专项资金绩效评价信息平台，可选择面向的服务信息技术结构（service oriented architecture，SOA），松耦合的产品设计模型，采用普遍认可的国际标准（如 XML 和 SOAP）提升了与各不同类型行业供应商方案间的互动性，而由于松耦合把分布式计算过程中的所有主要参加者都分隔了出来，所以交互两方在某方面的变动并没有直接危害到另一方当事人。这两者的融合，意味着系统就能够实现某些 Web Services，而不必对使用这些 Web Services 的客户端的知识有什么了解。SOA 体系结构的基本要素包括以下五个方面。

（一）客户端

客户端的作用是负责平台与用户进行交互，并且用户通过客户端进行业务流程的处理并查看处理结果。在财政专项资金绩效评价平台中，使用的客户端一般是图形化的，这些图形化的客户端可以有不同种类型。财政专项资金绩效评价基本上采用 Web 界面与使用用户进行交互，此时也可采用 Java 的 Applet 程序实时访问系统并进行使用。最典型的应用是相关部门通过 Web 页面查看项目申报审核结果的情况或者进行项目申报等的操作。

（二）服务

服务是有明确功能的 SOA 关键的软件组成部分，主要体现在以下三个方面：一是 SOA 的基本流程原则和方式，是面对于业务目标来建立的；二是在当选用开发工具时，SOA 还是选用了面向对象建立和部署业务的开发工具，来完成应用软件的设计；三是在使用由 SOA 提出的操作系统时，基础设施还是面对业务执行和管理的。

（三）服务库

服务库是存储服务以及信息的虚拟地址，用户可以通过前台的访问查询或者对服务库内容进行访问，在财政专项资金绩效评价中，服务库存储的是服务的功能、分类以及服务内容。外界注册的服务以及该服务系统要找寻的服务都要符合服务库的规范存储，当服务库中的信息越来越多时，它的作用凸显了出来。财政专项资金绩效评价可以通过 Internet 上的公共服务器来建立自己的服务库。

（四）应用系统

应用系统是对数据层的业务应用，对于来源于上层服务的具体实现。上述所有的 VOA 元素，最终都会落实到由应用系统实现其要求的服务。

（五）系统管理

系统管理是整个 SOA 使用的前提，是整个系统的指挥者以及协调者。它控制着所有系统使用者，例如对系统用户进行权限分配，当客户端与 UI 进行交互时，就需要管理和协调。

三、基于 SOA 的财政专项资金绩效评价平台总体架构

按照财政专项资金绩效考核系统对于综合信息管理平台构建的需求，并根据 SOA 的主要构成因素及其对财政专项资金绩效考核的具体资源、能力需求，形成了基于 SOA 框架的财政专项资金绩效考核信息管理网络平台的综合设计框架（见图 9 - 3），网络平台共分为五大层级，分别是数据层、应用层、服务层、业务流程层及门户展示层，其中，服务层又划分为服务管理层、服务访问层和服务内容库三层级。

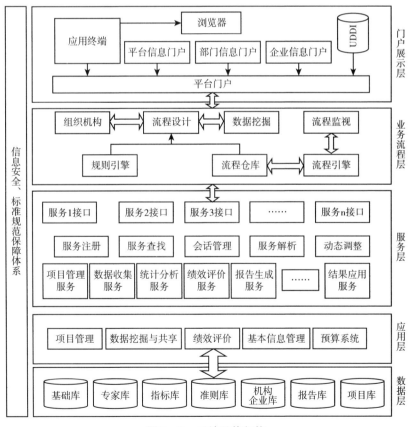

图 9 - 3　系统总体架构

（一）门户展示层

门户展示层是和终端用户直接进行互动的终端页面，其最主要的功能就是将政府应用操作界面的业务请求发给下面的业务过程层，同时也将业务过程层反馈的操作数据以及查询结果直接回复给终端用户，而通过政府门户可以直接为业务过程层进行授权验证，因为最终用户的装备设置、接入方法及其关联技术的类型很多，对财政专项资金绩效评价信息平台而言，门户展示层最大的功能方式就是直接通过网页浏览器。

（二）业务流程层

业务流程层是基于 BPM 流程管理的，也是财政专项资金绩效评价信息平台的核心层之一，主要是以承担单位已有的业务过程管理系统为基础开展开发工作，该层主要包含财政专项资金绩效评价流程上的核心功能，如根据项目申报单位填制的项目申报表，分析部门预算编制和指标分配，从而进一步优化下一年度的预算编制；根据项目单位的实际情况以及评价信息优化选择审核通过的项目；对于项目申报的审批、监控和调度保证项目评价的执行和监督；同时用户也可以通过项目审批信息跟踪，实时的查看审核结果。该层主要面对工程项目的承建单位、绩效评价员、行政工作人员等，在为他们进行优质咨询服务的时候，组织并监视跨功能、跨政府部门、端对端的工作流程。

（三）服务层

按照 SOA 架构业务的性质，我们把业务层次区分为三级：服务管理层、服务访问层和服务内容库。

1. 服务管理层。服务管理层主要是对服务进行组合和管理，在该层中进行服务组合是指按照客户需求，将服务库中的服务粒子进行有机组合，从而形成新的业务组件，这些业务组件将构成业务流程层当中对应的具体业务流程。因为其中涉及服务粒子的划分及业务流程的解析等复杂问题，所以服务组合是 SOA 组件开发中的热点和难点问题。

2. 服务访问层。服务访问层作为服务层的中间层，主要作用是根据上层服务管理的需求对下层服务库中的具体业务服务粒子进行访问和操作，这些操作主要包括服务的注册、查找、动态解析和调用等。

3. 服务内容库。服务内容库中的服务是指从应用层的各个系统中封装出来的具有具体评价业务功能的服务，包括项目管理、信息收集处理、绩效评价、数据挖掘、结果应用等，从技术上说，它们是 SOA 的基础，从业务上讲，它们也是财政专项资金绩效评价的基础。

（四）应用层

应用层以绩效评价子系统为核心，实现具体的业务处理逻辑，涵盖从专项资金预算编制到支出绩效评价以及评价结果应用的整个系统，包括各种应用软件包及用户权限等基础管理模块。

（五）数据层

财政专项资金绩效评价平台的支撑数据库，包括基础库、专家库、项目库、指标库、准则库、企业库、机构库等，为上层应用和服务提供数据支撑。在对不同形式和不同类型数据库进行操作时，使用一个统一的规范和标准是进行数据库操作的前提，数据的操作主要包括标准化处理、数据校验以及转化，在数据库内部主要包括数据库的链接以及 SQL 的执行。

四、安全保障体系

网络安全确保是信息体系正常运作的重要卫士，而依靠 SOA 的国家政府财务发展专门资助绩效评价平台建立的网络安全保障系统主要涵盖网络安全保障系统、技术管理体系，还有基本工程建设与运作保障系统。安全保障体系，主要是运用体制管理系统模块通过响应技术，对系统的授权关系和体制管理系统等对外网络资源实现了安全性验证，这样就能够更充分地保证体系的信息安全，并避免由于信息安全外漏而导致有关企事业单位和政府部门发生经济损失；标准规范体系主要是为了保证系统平台的可读性、易用性和扩展性。安全保障体系的作用是服务器系统建立一套科学的、可以长期运行的有效运营机制，并且可以系统化地建设管理并满足不同权限人员的要求。

第五节　财政专项资金绩效评价信息平台主要功能规划

根据财政专项资金绩效评价信息平台的总体框架，可以对财政专项资金的主要功能模块进行划分，并对每个功能模块实现的主要功能，以及功能所涉及的数据来源和所提供的服务作出规划。

一、信息平台功能结构

财政专项资金绩效考核信息系统平台规划为四大子系统，分别是基础信息管理系统、计划管理系统、项目管理系统和综合绩效评价管理系统。

此信息系统整合了众多子系统的功能，由于信息量很大，以及每一子系统中的模块应用者所具有的权限也各有不同，为此，系统设置了一个基础系统，用以处理包含项目单位内部人员和基础系统使用者等在内的各种人员、机构、部门等的基础数据，以及划分其各个的具体职权。而预算系统则用来接入财务预算系统，可以检索、调用项目的预算编制数据并反映计划的执行结果和绩效评价结果，以作为下年度预算编制的依据。而目标申报系统则是项目绩效考核部分的信息采集部分，项目单位在开展计划申请、项目结项申请工作后的数据都可视为绩效考核的基本数据，由专家和主管部门依据这些数据对其目标作出判断。而绩效考核子系统则包含着评价、审核、统计与分析三个方面信息，以及专家库、项目库、组织库、标准库等的信息内容，该子系统也是项目绩效考核的重要组成部分，调用了项目申报体系的基本数据，并同时传递给项目体系有关信息。

财政专项资金绩效评价信息平台需求功能结构如图 9 - 4 所示。

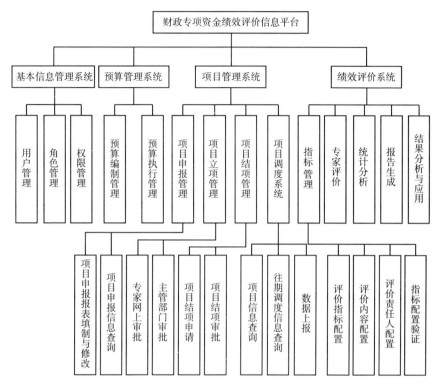

图 9 - 4　绩效评价系统功能结构

二、信息平台功能分析

公共财政专项资金绩效考核信息管理平台，主要包括五个系统，分别是基础信息管理系统、预算管理系统、项目申报系统、项目调度系统以及绩效评价系统。详细功能如下。

（一）基础信息管理系统

财政专项资金的绩效评价，是评价财政专项资金的执行是否具有良好的应用效果，因此，需要大量的项目信息，包括财政专项资金的执行项目的名称、时间、具体项目内容、所属单位、项目所得成果等信息，此平台可以提供信息录入的功能给工作人员，帮助工作人员录入相关信息，录入的信息同时可以作为绩效评价的数据基础，使大量烦琐的数据转换成直观、可分析、形象的图表，有利于迅速得出绩效评价结果。

1. 用户管理。此信息平台提供项目申报、立项、审批、结项、绩效评价等不同职能的功能，因此，不同的子系统面向的用户也不同，用户从不同子系统登录查看、使用的功能各不相同。此平台对各个子系统的用户进行了统一管理，例如审批专员的个人信息、财政单位工作人员个人信息、部门主管领导的个人信息、系统管理员等，以及需要记录使用的相关个人信息，包含用户账号、密码、用户名称、性别、职业、所在机关、上级部门等基础信息。同时提供了查看、更改、撤销等功能，但各个应用都分别拥有不同的权限。

2. 角色管理。平台不同的子系统面向的对象不同，需要分配不同角色，拥有不同权限。例如，基础信息管理子系统中包括系统管理员的角色，项目申报系统中有项目工作人员的角色，有专家角色对项目进行审批，其角色的区别决定了其在不同子系统中的权限。

3. 权限管理。不同的用户权限使用的平台功能也有所不同，因此，平台应用时必须区分角色并进行管理，录入信息中包含用户账号、用户密码、用户所在部门、使用权限等。用户管理还包括财政部门人员的管理，不同项目由不同的领导分管，由不同的工作人员执行，因而对财政部门人员的管理也至关重要。平台用户管理提供部门、单位人员的姓名、性别、职务等信息录入，对人员进行统一管理。

（二）预算管理系统

部门计划采用了自下而上的制定方法，编制程序必须遵循"二上二下"的工作过程。平台的预算管理系统遵循以上规则，实现预算编制的多维分析以及数据的增、删、查、改功能，并对预算编制进行统一管理，为绩效评价审核提供数据基础。

1. 预算编制管理。财政专项资金绩效评价信息平台的评价结果可以反映出本年的编制配置情况，并用作下一年预算编制的参考。此平台的预算编制管理模块提供不同年度、不同部门、不同单位的预算编制查询，并结合项目绩效评价结果给出下一年预算编制建议。需要实现的主要功能为预算编制录入及查询、绩效评价与预算编制比较、预算编制建议等功能。

2. 计划实施管理。预算执行管理主要体现了国家财政中专项资金的流向、使用状况等，此模块所需提供有关预算执行状况的基本信息，包含了预算项目起始日期、完成时限、预算编制、预算实施总额、预算剩余、预算项目基本信息等。同时实现了预算执行数据的录入，并通过多维图表等可视化方式显示预算执行情况的分析结果。

（三）项目申报系统

项目申报系统为用户提供了项目申请、审批立项、结项管理等功能业务，主要面向建设项目开展数据收集、申请执行、信息检索功能等操作，分为建设项目申报管理、项目立项管理、项目结项管理三种功能模块。

1. 项目申报管理。

（1）项目申报报表填制与修改。由于项目信息的信息量巨大，因此，平台提供简单录入、批量录入两种方式。两种方式均提供按部门信息录入、按单位信息录入、按项目信息录入的功能。工作人员可以根据实际情况选择最便捷的方式录入项目的详细信息。项目名称信息包含项目名称代号、项目名称、项目启动日期、项目完成日期、项目责任人、项目名称内容、项目申请单位、项目名称状态等项目汇总表，填制人要求填写的项目名称、项目编号、项目负责人、负责单位等个人信息，在提交申报前可以保存信息、修改信息、查询信息、导出 Word 版本、下载打印等，填制过程需提供相关问题的提醒。项目在进行申请后，就可以完成对项目申请的状态的查询、撤销项目申请（有效时间内）等操作。此功能作为财政专项资金绩效评价中的辅助模块，帮助相关部门单位进行项目申报，有利于结合平台的其他功能，更加便利、直接地进行绩效评价分析。

（2）项目申报信息查询。平台信息查询功能提供针对录入的信息及审批结果的查询。用户可以通过平台查看项目的详细信息、部门用户的信息、部门的项目信息、项目的审批结果（状态：审批通过、待审批、审批不通过）等信息，此功能主要向使用者便捷地提供其所需的具体信息。同时通过多项结合功能，可以选择性地进行统计分析功能，此功能在绩效评价模块中的统计分析部分中有详细介绍。

（3）申报辅助工具。系统帮助包含帮助文档、填报提醒、系统环境监测、常见问题等一些辅助性工具；项目申报包含项目报表填制、项目申报、项目审批状态查询等功能；系统功能包含申报撤报申请、项目报表及说明打印、下载空白报表及说明等辅助工具。

2. 项目立项管理。

（1）专家网上审批。此平台在项目申报子系统中除了对财政单位提供项目申报的功能外，同时还提供审批功能，专家可以通过平台的项目申报子系统中的项目立项模块登录系统，登录需要验证专家身份，分配相应权限。审批模块需向专家提供项目信息查询、项目信息详细查询、审批意见、审批打分等功能，最终由管理员对专家的打分综合评定，得出项目总分数，反馈项目审批状态（非最终状态，项目工作人员还不能查看）。

（2）主管部门审批。项目通过专家的审批后，经审核建议设立的财政专项资金，由主管部门与财政部门联合行文报政府审批，经政府批准后方可设立。对综合类的专项资金设立，由财政部门直接向政府申请设立。主管部门审批模块可以查看带有审批状态的项目详细信息，同时可以查看专家的评定。登录此模块同样需要身份验证，分配相应的权限。部门主管可以选择查看的信息，项目分为专家审核、非专家审核两类，主管部门可以分类针对不同信息进行审核，同时反馈审核结果，此时项目工作人员可以查看其相应项目的审核结果。

3. 项目结项管理。

（1）项目结项申请。财政专项资金项目结算时，均需提交项目结项申报，与不同项目申报管理相同的是，项目结项申报还需提交项目的开始、完成日期、项目预计内容、项目实际内容、项目预计效益、项目实际效果、资金名称、应用范围、建设时限、主要背景因素、项目建设依据、各年度预算分解情况和执行计划，以及专项资金项目预计要实现的业绩目标和检查业绩目标完成与否的有关专业技术指标等其他基本信息，涉及其他经费来源的还应当说明项目资金的筹措状况，同时需提交相关文件的扫描件，其他辅助功能，例如 Word 存档、打印下载、分类录入信息等与项目申报类似。

（2）项目结项审批。接到城市建设区财政部门对专项资金结项的申报时，应对以下情况进行审查：第一，专项资金立项的理由是否充分，是否符合财经法规和市委、市政府有关财务工作的规定，是否与预算编制相符；第二，专项资金工作能否取得预期成效；第三，专项资金的使用规模、业绩指标等有关指标，能否满足理财经理政策和有关财务制度的规定要求。针对数额较大、社会影响面较广的财政专项资金的结项建议，应同市有关主管部门共同组织相关专业方面的专家学者，就结束财政专项资金计划的合理性等相关情况进行仔细讨论。经审查后建议结项的财政专项资金，由有关主管和财政局共同行文报请市人民政府部门审核，经人民政府部门同意后方可结项。根据省政府关于建立公共财政专项资金制度的批复，在专项资金的规定期限内，将各项财政专项资金列入年度财政预算（提交预算管理系统）。

（四）项目调度系统

项目调度系统作为整个绩效评价平台的数据收集部分，主要提供项目信息的查询、往期调度信息的查询以及数据上报的功能，是整个平台的数据收集器，作为流程上级模块的信息集合，为下级模块提供数据支持。

项目从预算批复到申报审批再到结项审批，每一个过程项目的状态、项目的信息以及项目审批的结果，都可以在项目信息查询模块查询到，并且调度系统往期的调度信息同样可以通过往期调度信息查询模块进行查询，使用者只要具有相关的权限，就可以查询项目相关的调度信息，主要包括项目在审批的过程中的状态及其他基本信息；除此之外，此模块还应具备数据上报的功能，各专项资金的项目承担单位、主管部门以及县市级财政部门将通过此模块将项目有关数据上传到服务器数据库完成财政专项资金各层次的数据收集功能，此部分的数据不包括项目申报单已经上传的数据。

（五）绩效评价管理

绩效评价管理是平台的核心功能，完成从指标配置、标准设置、统计分析、考评打分和结果分析到结果应用的所有功能。

1. 指标管理系统。评价指标录入：评价指标作为绩效评价的关键元素，平台提供指标的分类管理。方法分为基本评价指标、修正方法、评价指标体系。平台进行三种不同数据的分级录入，基本数据包含评价指标设置、评价指标类别和标准应用范围、目标管理包括绩效目标分配、考核设置、评价责任人选择、评价结果使用和目标配置验证等内容的功能设置。

（1）考核指标配置。绩效指标选择是否科学合理，直接决定着绩效考核是否成功。在指标管理中，管理系统能够按照所选择的绩效周期，进行在绩效期内的指标管理功能。在具体的指标等级分配上，将考评指标体系分为三类：第 1 级为综合指标；第 2 级为部门指标；第 3 级为专项（单位）指标。对当前考评期中及之前的期数，以各单位所提交的考评指标体系、指标类别和权重的图表形式展现。同时针对未来下一考评期的具体指标，规定在当前考评期还未开始之前，重新配置各级的考评指标体系和权重，每一个部门的指标体系权重总数均为 100%。

（2）考核内容配置。考核内容目标的设定功能为考核内容提供了目标依据，但是目标也需要和具体的考核内容相对应。在目标管理中，也可按照所选定的考核内容周期，进行与某考核期内的目标相应的考核内容设置功能。针对目前的时期以及之前的期数，将在各单位的考核目标范围下的考核内容、权重以及责任人的清单中显示。而针对下一考试周期的实际情况，也可以在考试周期还没有开始之前，设置各级单位考试目标范围下的考核内容、权重和责任人，一项目标范围下的考核的权重总和即为此项的目标权重。

（3）考核责任人配置。在现实政府机构的考评中，不仅考评机构的业绩，同时还会考评个人的业绩。其中，对于部门业绩的考评，因为考核结果而产生责任的要求，这就需要在现实考核过程中，把具体实施考评的具体内容和部门的主要负责人加以联系。组织设置要包括设置数据操作人员、自评报告上传权限、专家筛选以及第三方评价机构设置等功能。

（4）考核其管理和指标配置验证。绩效考核因为具体的业绩阶段而有所不同，因此，在当前业绩阶段的评估指标框架、考核评价具体内容和考核绩效责任主体的设定，会在未来的业绩阶段内无效，这就需要对每一业绩阶段的具体评估指标配置进行实际检测，以保证评估指标框架的科学有效性。指标系统充分考虑到评价指标的效果，在系统中能够实现对当前绩效考核阶段中的重要评价指标、具体内容、责任者分配完毕后，对评价指标配置的效果、完整性校验工作，以保证对下一评估期绩效考核的可持续性。

2. 绩效评价实施系统。此模块中拥有相应权限的专家将根据收集的数据对各专项资金的项目进行评价，提供专家及第三方机构选取、数据查询与结果展示、评价打分、问题诊断和意见建议提交等功能。为了使财政专项资金绩效评价体系更加有效并能够与时俱进，为专家评价系统提供相应的政策法规、管理办法公示、部分预算数据查询，以及意见建议提交等功能。

3. 基础数据库维护系统。为支持上层的应用，必须将数据妥善存储，系统要提供完善的数据存储与维护的功能。底层的数据库包括基础库、专家库、指标库、准则库、企业库、机构库和项目库等。

基础库用于存放管理相关基础设置的信息，包括系统的配置、人员及其权限等信息。

专家库用于存储有关绩效评价专家的信息。项目申请、结项，以及进行专项资金的绩效评价和结果诊断时都需要专家评议，建立专家库可以更便捷地邀请相关领域的专家对项目进行审核建议、绩效评分。平台中的专家库划分为不同领域，每一领域中的专家注册有专家姓名、职务、毕业院校、学历学位、所属工作单位、研究领域、研究方向、主要荣誉、研究成果以及联系方式等，对部分用户可以通过姓名、单位、研究领域、毕业单位等对专家进行查询，部门主管或工作人员在邀请专家进行项目审核时，可查询其联系方式，对其发出邀请。专家信息的录入在基本信息管理系统实现。

指标库用来存储财务专项资金绩效考核的指标，针对不同时空、不同的专项资金项目类型适时调整，分别设置。按照评估内涵和具体实际设置条件，企业绩效评价指标体系可包括基础指标和具体实施指标。基础指标是对企业评估内涵的概括化指标，而具体实施指标则是对基础指标的更进一步细化处理和分设。将基础指标分为企业业务指标、财务指标。企业业务指标分别从目标制订状况、目标实现程度、企业组织管理、经济效益、企业社会保障收益、生态环境利益、可持续性因素等方面设置；企业财务指标从筹资到位状况、实际支付状况、会计信息质量、经营财务状况、资本分配和运用情况等方面设置。而具体实施指标则分为量化分析指标和定量分析指标。定量分析指标是指企业直观或可以利用客观数据计算剖析评估内涵、表达评估结论的客观指标体系；定性指标，是指无法直观利用数据计算剖析评估的内容，需对评估对象作出客观陈述与分类，来表达评估结论的指标体系。专项资金的类型不同，其个性指标体系也会相应地有差异，专项资金支出的时间和地域不同，指标体系也会有所不同。指标库用来存储和维护不同类型、不同评价对象的指标体系，分门别类地对各个对象存储不同的指标体系。指标库的内容由指标管理模块录入保存，指标库主要包含考核指标、考核内容、考核责任人等详细信息，指标库中对指标进行详细分类，用户可以通过不同的指标元素查询相关的指标内容。此处查询采用多级查询，查询不限定为单一的查询，可多级综合查询。同时，在计算各财政专项资金项目的部门评分、单位评分、项目评分、综合评分时，调用此库中的各项指标进行总评分的评定。

准则库用来存放在实施评价时所适用的准则，针对不同的指标体系分别设置，并且需要伴随时空条件的推移不断调整。在评价方法的选择方面，系统进行了对具体数据、评价方法、内容的评价计算公式选择。客户注册之后才能对服务规则进行设定，前提是拥有授权才能够设定。服务的设定规则分为评估结果的分布及设定、公司服务角色的管理、员工服务角色的管理以及投票项的设定。

4. 统计分析。本模型主要包含了三个模块内容：绩效评价评分、对数据结果的多维分析以及成绩的查询。绩效评价评分综合了各类审核结果、评分结果等，最终得出此项目的总评分以及最终的绩效评价结论、建议。其统计分析情况通常以柱状图等形式表示，成为评价情况的总体参照数据。对个人用户来说能够实现评估成果的查看。普通用户仅能够查看自己的成果，政府部门领导才能看到该部门的成果及其评价的情况。

（1）项目业务数据统计。单位财务信息统计表用于各单位财务信息的统计与查询。统计表单中的信息来自实际资料系统，同时能够针对具体企业的需要进行信息排序、统计时间段内的信息需求，多文件的查询等工作。业务信息统计表充分发挥了现代信息技术在资料统计分析领域的优越性，避免了以往技术方法上的人为失误。

（2）部门得分统计。工作成绩统计表中展示了各单位的实际工作分数对比数据，并可分类为基础项目评分、第三方考核打分、督办工作与协同工作打分、综合性加减评分以及上级领导的直接评分五类，以便对照查询；可进行部门指标成绩的显示与具体部门的业务情况进行联系。本管理系统还可进行对指定部门的日常业务成绩进行分解，并列出加分与降分的考核内容列项，对日常的业务成绩与管理工作中的细微工作成绩进行分别提示，便于工作的检查和管理工作。

（3）项目效果的统计。项目效果是评估财政专项资金项目的实际效果和质量情况的重要指标，是财政专项资金项目实施得到收益、效果的综合体现，是项目必要性的一种综合反映。项目质量作为一项总体评价项目，很难以定量的数据来解释问题，特别在以数字反映的软件系统中，也很难反映出来。它能够对所有数据目标和项目进行排序与对比，还可以实现数据排序、计算周期中的数据需求、多文件的查询等功能。实现对数据各个类别的排列组合，从而体现一个计划的具体执行目标。同时与申报时提交的预期效果进行对比，是否达到预期效果并合理安排预算。

（4）报告生成。针对各种评分结果，系统设置相应的模板，提供绩效评价报告自动生成的功能，并提交给报告撰写者进行修改完善，生成最终的绩效评价报告，存放于报告库中。

5. 结果分析与应用。财政专项资金项目绩效评价信息平台的目的不仅在于为项目申报审批以及信息管理提供技术支持，同时也为了更加直观地反映项目的实施效果与预算编制的合理性对比，能够为下一年的预算编制提供参考指标。因此，此平台的结果应用功能需要将用户在结项之后提交的项目效果、项目效果与预期效果对比、项目预算、项目预算与项目实际支出对比等信息传递给此模块。结果应用可以与预算管理系统相连接，对比预算编制的合理性，作为下一年预算编制的合理参考。

此部分应拓展和运用多种数据分析挖掘技术方法，紧密结合财政改革和财政信息化建设，提升财政专项资金评价平台的分析技术水平和应用效能。系统需要在评估工作完成 45 日内，以正式文档的形式，将评估项目绩效状况、出现的问题和相关意见及时回复给被评估单位，被评价单位在一定日期内需将整改后的情况以整改报告的形式反馈到系统中。因此，结果应用部分划分为三个功能模块：反馈报告、整改报告以及处理和奖惩系统。拥有不同权限的人员登录，录入相关的报告信息，并对报告反馈的信息进行评价处理。奖惩模块，主要针对在考评中发现的项目单位、主管部门因有弄虚作假项目、工作量等手段而取得的财政投入，或截留、挪用财政投入，以及因为政府管理不当、决策失误导致财政投入重大浪费、经济损失严重的情况，除了限期收回已被截留、挪用的财政投入以外，要按照有关规定提出奖惩建议，反馈给相关部门。

通过建立财政专项资金绩效评价信息平台，实现从项目申报调度、结题，到绩效评价实施及评价结果的应用，同时实现与企业系统、财务系统及电子政务系统的数据共享，提高绩效评价的效率，并能够提供更有价值的信息，从而更好地促进财政专项资金的分配、监管监督，更有力地提高财政专项资金的支出收益，更好地促进经济可持续发展。

第十章

专项资金绩效评价案例

——以某市学科建设专项绩效评价为例

为了更加全面把握和认识三级重点学科建设的现状，必须引入项目管理理论中的绩效管理的思想。绩效管理思想对于提高教学质量和办学收益非常必要①。本章对学科绩效评价的界定和原则进行探讨，并引入某地区高校重点学科建设的案例，进行经费投入和产出的对比和评价。

第一节　学科建设绩效评价的原则和方法

一、学科绩效评价内涵界定及特征分析

（一）学科绩效评价内涵的界定

学科绩效评价是指某一主体采用一定的研究方法，对一定的学科建设对象或范围，按照投入产出情况，从过程和结果两个方面科学、合理地衡量和考核其学科建设的业绩和成效，通过对不同学科建设对象的评价，为相应的

---

① 廖湘阳，王战军. 大学学科建设：学术性、建构作用与公共绩效 [J]. 学位与研究生教育，2006 (3)：55 - 61.

管理部门提供决策参考的管理活动。

（二）学科绩效评价的特征分析

与其他绩效评价相比，学科评价具有自身特殊的要求，主要表现在以下三个方面。

1. 评价的主体是高校。学科绩效评价因评价对象不一样，其评价主体也有其差异性。从学科绩效评价的对象来看，可以划分为三个层次：一是对高校学科整体绩效的评价，其评价主体是中央和地方两级政府，即中央和地方政府对高校整体学科建设情况的一种监控；二是对学科群绩效的评价，其评价主体是高校，即高校对自身所属的各二级单位（学院或系）的某一或某几个学科群建设情况的监控；三是对学科绩效的评价，其评价主体是高校的学院或系，即学院或系对自身所属的某一学科建设情况的监控。学科绩效评价各评价主体、评价对象及评价内容如表 10-1 所示。

表 10-1　　　　　　　　学科绩效评价主体、对象和内容

评价主体	评价对象	评价内容
中央和地方政府	高校	高校学科整体
高校	学院或系（高校二级单位）	学科群
学院或系	系或教研室（高校三级单位）	学科

2. 评价指标体系上既要注重其系统性，更要关注和把握重点。学科绩效评价比较复杂，其复杂性即体现在投入的多元性，也体现在产出的多样化，投入包括对学科建设的人、财、物的投入，产出包括学科建设的人才培养和科学研究。对于高校学科建设绩效评价，必须体现这种多元的投入与多样化的产出，在指标体系中有系统的体现。例如，在人才培养上，除了要有一定的人才培养规模外，更强调培养高水平、高质量的人才，因而需要将全国优秀博士论文、全国优秀博士论文提名奖、国家教学成果奖等作为其重要的指标，纳入产出指标体系，一般性的学生发表论文、参与导师课题等指标则不应纳入其中。在科学研究上，要将国家科研成果奖、国家科研基地等作为衡量高校优势学科群科研产出的重要指标，其评价权重所占比例应较大；而一

般性的发表论文数、三大检索数、出版专著数等指标，其评价权重所占比重应较小。

3. 评价既关注高校学科建设的结果，也要关注学科建设的过程。学科建设是一个长期积累的过程，高校学科建设绩效评价过程中，不能仅仅将建设的最终结果作为唯一的考察视角，必须兼之以过程的考察。因此，对于高校学科建设绩效评价，需要从结果和过程两个方面进行综合考察与评价，才能全面反映高校学科建设的成效。

二、学科绩效评价的原则

要做好学科绩效评价，需要遵循一些基本原则，才能有助于此项工作的有效开展。

(一) 无量纲化原则

在高校学科绩效评价过程中，用来评价学科建设投入的要素包括人、财、物三个方面的投入要素，在产出方面包括人才培养和科学研究两个方面的产出要素，这些指标在量纲上不同，表现为计量单位上的差异。另外，即使是计量单位相同，各指标在数值上也可能存在着数量级上的差异。如何处理这种各要素之间在计量单位或数量级上的差异性，通用的做法就是无量纲化。

(二) 全面性和综合性原则

高校学科建设绩效评价要全面反映学科整体的建设成效，而学科建设又包含了高校学科发展的方方面面，因而高校学科绩效评价要综合各个统计指标的特性。从统计学的角度来看，当我们用某一方面的指标分析事物时，实际上是从不同侧面来认识事物，因而需要把事物的各个方面结合起来作为一个统一的整体来予以把握，经过这种分析与综合的方法，我们才能对事物的认识更加深入和客观。

（三）动态性原则

事物是发展变化的，综合评价也不例外。这是动态性的把握包括两个方面的含义。一是随着时代的进步和社会的发展，反映高校学科建设绩效评价的指标也在不断变化，需要以新的观念来处理原有的指标体系，对原有学科建设绩效评价体系进行动态管理。二是对于指标体系中有关数据的选取，要有动态的观念对学科建设有关数据进行考察。高校学科建设中的投入要素也好，产出要素也好，有时在不同的时间段上有其特殊性。在某一时间段上，对于某个学科而言，无论是投入，还是产出，都可能偏离其平均水平，这样就不能客观地反映该学科投入与产出的真实情况，因此，需要选取某一较长的时间段作为绩效评价的标准，例如，近3年或近5年，就远比选取某一年的时间段来进行评价要客观得多。

（四）可操作性原则

由于学科建设涵盖了高校建设的诸多方面，对于其绩效评价而言，投入要素就包括了几十个不同的评价指标，产出要素也包含了几十个不同的指标，每一项评价指标又因高校学科数量较多，因而数据也很多，要将它们综合在一起，绝非易事。另外，多指标综合评价是一个实用性非常强的方法，其效果需要经过实践的验证和检验。因此，在对高校学科进行绩效评价时，要考虑到可行性和可操作性，使该方法能够应用于高校学科建设评价的实践工作中，因而要求方法体系具有资料易得、方法直观和计算简便等特点。

三、学科群绩效评价的指标体系

学科建设绩效评价体系构建是学科建设绩效评价的重要内容，是开展学科建设评价的依据和基础。正如前面对学科建设绩效评价内涵的界定，学科建设绩效评价要对学科建设的投入与产出情况进行综合考查，既要考查学科建设投入与学科建设产出两个方面进行全面分析，又要对学科建设的过程和建设结果进行综合评价。因此，在学科建设评价指标体系的构建上，要全面予以体现，能够反映出学科建设绩效评价的目标和宗旨。

（一）指标体系的构建

在学科建设的投入与产出的评价指标体系构建上，要体现投入与产出两个方面的内容。在学科建设投入方面，可以归纳为人、财、物三个方面的投入要素，其中，人指学科建设周期中的师资队伍投入情况，包括正高职称人数、副高职称人数、中级职称人数和初级职称人数；财指投入学科建设周期中的资金投入情况，包括国家的专项投入、地方政府投入、高校自筹经费投入、社会捐赠等；物指投入学科建设周期中的实验仪器设备、图书资料、实验室面积、教室面积等物质条件。在学科建设产出方面，按照高校的职能，可以归纳为科学研究和人才培养两个方面的产出要素，其中，科学研究包括科研项目、科研经费、科研成果和科研基地；人才培养包括两个方面的内容，一是人才培养规模，包括本科生培养规模、硕士生培养规模和博士生培养规模；二是人才培养质量，包括教学成果奖、国家和省级优秀论文、精品课程与优秀教材等。学科建设绩效评价指标体系如表 10 - 2 所示。

表 10 - 2　　　　　　　　　**学科建设绩效评价指标体系**

指标	一级指标	二级指标	三级指标
投入指标	人	正高职称人数	
		副高职称人数	
		中级职称人数	
		初级职称人数	
	财	国家专项投入	
		地方政府投入	
		学校自筹投入	
		社会捐赠	

指标	一级指标	二级指标	三级指标
投入指标	物	实验仪器设备	
		图书资料	
		实验室面积	
		教室面积	
产出指标	科学研究	科研项目	国家级重大科研项目数
			国家级重点科研项目数
			国家级一般科研项目数
			省部级重大科研项目数
			省部级重点科研项目数
			省部级一般科研项目数
		科研经费	科研经费总量
			纵向科研经费
		科研成果	国家级科研成果奖
			省部级科研成果奖
			三大检索论文数
			出版专著数
			获发明专利数
		科研基地	国际级科研基地数
			省部级科研基地数
	人才培养	人才培养规模	本科生培养规模
			硕士生培养规模
			博士生培养规模
			教学成果奖
			全国优秀博士论文
			省级优秀博士论文
			省级优秀硕士论文
			省级优秀学士论文
			国家精品课程
			省级精品课程
			优秀教材

（二）指标体系构建中需要关注的问题

在学科建设绩效评价的过程与结果的考查上，主要应考虑以下两点：一是在学科建设投入的考查上，要考虑学科建设投入在时间维度上的变化情况，即按照时间的变化，学科建设在人、财、物投入力度上，即建设绝对值是呈上升趋势还是下降趋势；在学科建设在人、财、物投入的发展势头上，即学科建设增长值是呈上升态势还是下降态势。二是学科建设投入与产出指标体系中各一级指标、二级指标或三级指标数值的选取上，要考虑学科建设的持续性、长期性和建设成效的后延性，对学科建设投入与产出指标值的选取不能仅仅某一年的相关数据，而应该是某一建设周期投入与产出指标的平均值，这样，才能比较真实、科学地反映学科建设在一定时期内的投入与产出情况，才能比较科学、合理地评价某一学科建设对象的学科建设绩效。

第二节　某市三级重点学科建设体系评价

按照通常的学科评价的指标分类，并根据国家重点学科信息统计资料汇编统计数据，以下将分别按照师资队伍、科学研究、人才培养和条件平台四大方面对三级重点学科建设的绩效进行统计分析和比较。

为了更清楚直观地显示对比解情况及结果，绘制如表 10 – 3 和表 10 – 4 所示。表 10 – 3 中的数据反映的是不同级别重点学科的总量比较，表 10 – 4 则是各级重点学科体系中单个学科的平均值。

首先，在师资队伍方面，某地区的国家重点学科拥有院士、学科组评议人员和国际学术组织主要负责人这些高层次学科队伍，分别占整个全国高校的国家重点学科对应的师资总数的 35%、29% 和 39%，这说明，仅某地区的高校重点学科就云集了较多的高层次科研人员。对比某市重点学科和重点建设学科，毫无疑问的是，国家级重点学科师资队伍层次更高，但较某市级重点学科的队伍规模要小。而校级重点学科相对于上述两个高级别重点学科

表10-3

三级重点学科建设绩效总量对比概览

重点学科级别	师资队伍	科学研究				人才培养			条件平台
	人员总数和构成	获奖数	发表论文数（SCI、EL、SSCI）	承担项目数	举办国际国内会议数	在学博士生人数	在学硕士生人数	全国优秀博士论文数	投入经费数（万元）
国家级（267个重点学科）	院士学科组评议人员和国际学术组织主要负责人520人	国家、省部级奖项342个，其他奖项缺少数据	9154篇	9304个	835次	15088人	27905人	42篇	496697.55
市级（164个重点学科）	各层次专业技术人员约5400人，其中，具有高级职称的约4000人	各类奖项973个	7709篇，年均2570篇	10789个，年均3596个	891次，年均297次	5443人	27066人	4篇	114717.58
校级（71重点学科）	专职教师及研究人员总数约3156人，其中，具有高级职称的约1702人	各类奖项71个	1355篇，年均452篇	—	253次，年均84次	1724	10562人	4篇	45594.00
按年均对比对比结果判断	国家级>市级>校级	国家级>市级>校级	国家级>市级>校级	国家级>市级>校级	国家级>市级>校级	国家级>市级>校级	国家级>市级>校级	国家级>市级=校级	国家级>市级>校级

表10-4 平均每个三级重点学科建设绩效对比概览

重点学科级别	师资队伍	科学研究				人才培养			条件平台
	平均每个学科拥有的人员	获奖数	发表论文数（SCI, EI, SSCI）	承担项目数	举办国际国内会议数	在学博士生人数	在学硕士生人数	全国优秀博士论文数	投入经费数（万元）
国家级	院士学科组评议人员和国际学术组织主要负责人约2人	国家、省部级奖项1.3个，其他奖项缺少数据	34篇	35个	3次	57人	105人	0.157篇	1860
市级	各层次专业技术人员约33人，其中，高级职称的约24人	各类奖项6个	47篇，15.67篇/年	66个，22个/年	5次，1.67次/年	33人	165人	0.024篇	670
校级	专职教师及研究人员总数约44人，其中，具有高级职称约21人	各类奖项1个	19篇，6.33篇/年	—	3次，1次/年	24人	149人	0.056篇	642
对比结果判断	国家级>市级>校级	国家级>市级>校级	国家级>市级>校级	国家级>市级>校级	国家级>市级>校级	国家级>市级>校级	市级>校级>国家级	国家级>校级>市级	国家级>市级>校级

的师资队伍无论在规模上，还是平均每一学科拥有的科研人员都要少一些。这个结果表明，学术队伍的规模和质量是重点学科建设的内在保证。

其次，在科学研究方面，分别从获奖情况、发表论文、承担项目数以及主办学术会议等方面来考察。虽然国家级比市级重点学科的科研成果总量更多、规格和层次更高，但是，如果从每个重点学科平均作出的科研成果来看，市级要比国家级重点学科的科研成果则要多一些，且校级重点学科与上述两级学科的科研成果相比，基本上呈现出无论在总体数量上，还是平均到每一学科上都要少一些的特征。这一结果表明，科研实力是重点学科建设成效的外在反映，同时也说明经过近 5 年的重点学科建设，使部分市级重点学科已具有冲击国家重点学科的科研实力。

再其次，从人才培养方面比较。显然，博士研究生的培养更多地集中在国家重点学科的学位点上；从所培养的优秀博士学位论文数量的角度来看，也更多地出自国家级重点学科（曾有 42 篇博士论文获得全国优秀博士论文，国家重点学科与全国优秀博士学位论文之比平均为 7∶1），这充分说明，国家重点学科是培养高层次人才，特别是拔尖的高层次人才的重要基地，其人才培养的数量和质量都大于或高于市级重点学科。相比之下，硕士的培养则相对多地出自某市重点学科和学校一级的重点学科所在的学位点。这一结论说明了三级重点学科在人才培养定位上的差异，实际反映出三级重点学科各自定位目标的差异。

最后，再从条件平台方面比较。由于条件平台建设的具体内容因不同学科呈现不同的特点而存在较大的差异，不便于直接对比；但因为经费投入额是条件平台建设的资源保证，因而我们从经费投入的角度来比较。国家重点学科比市级重点学科无论是从投入总量，还是从每个学科平均获得投入额来看都要多。就每个学科点的平均投入而言，国家级重点学科是市级重点学科投入额的 2.8 倍，是校级重点学科投入额的 2.9 倍，呈现出自上而下一级比一级投入要更多的状况。这说明了政府对三级重点学科重视和投入的程度不同，反映出高级别的重点学科在资源配置方面占有更多的优势。

综合上述数据分析，可以得出的基本结论是：某地区高等学校近 5 年来三级重点学科建设成效显著，基本呈现了投入与产出的对等性。更重要的是，体现了三级重点学科体系中重点学科级别之间质的差异性，即重点学科级别越高，其在师资队伍、科研和人才培养方面的总绩效越显著、层次和质量越高。这些结论充分证明，学术队伍的规模和质量是重点学科建设的内在保证，科研实力是重点学科建设成效的外在反映。

进一步对比三级重点学科的特点可以看到，在人才培养方面，单位学科点的硕士生培养人数市级重点学科和校级重点学科都比国家级重点学科的多，说明市级和校级重点学科是硕士生的培养主体，而国家重点学科已成为博士生的培养主体。但在获得全国优秀博士学位论文指标方面，却显示出校级重点学科优于市级重点学科，也反映出某些学校的某些校级重点学科实力比市级重点学科，特别是市重点建设学科实力雄厚的事实。这说明，市级重点学科与校级重点学科因目标定位的不同，使其在立项的依据方面存在差异，特别是在新兴的校级重点学科与市级重点学科更多偏重某市经济建设和社会发展的需要而并非唯学科实力论的时候。

第三节　某市级重点学科中期检查数据对比分析

为了有效地监管和促进各学校重点学科的建设，2021 年 3~4 月，某市教委组织了所有某市重点学科和某市重点建设学科的中期检查。此次中期检查分为自我检查与在听取各学科建设情况汇报的基础上由专家打分两种检查形式。考虑到不同的重点学科涉及多个不同的学科门类，从而具有很大的差异性，为了评估更加客观和可比，将这次参评的 182 个学科分为理学组、工学一组、工学二组、管理组、艺术组、经济学组、生物农学组、法学哲学组、教育中文历史组、医学组和外语组 11 个组别，并分别由专家对每一个重点学科进行评分。

这里需要说明的是，由于缺乏医学组中 18 个重点学科的专家打分原始数据，故只能根据除了医学组以外的专家对上述其余 10 个组别中共 164 个学科的打分结果进行统计分析。

一、某市重点学科中期检查得分情况的分组对比

从各个组别的总体得分最高情况来看（分组别的专家打分结果见表 10 - 5），最高分在 90 分以上的组有理学、工学一、工学二、法学哲学、管理学、生物农学和艺术，共 7 个组，占所有 10 个组别的 70%。但同时，其中的理学、工学二和法学哲学组这 3 个组内的学科差异性也是所有组别中较大的，这一点可从标准差指标上可看出（或者从最低分在 80 分以下也可看出）。这说明，3 个组内的学科发展和建设存在着不均衡性：有的学科已经在各个方面发展与建设得都很好，而有的学科建设就比较落后。此外，组平均得分值处于较高水平，且得分又比较接近的组别是另外的 4 个组，即工学一组、管理学组、生物农学组以及艺术组。这 4 个组不仅最高分在 90 分以上，而且最低分也都在 80 分以上，同时标准差数值也较小。排除专家打分整体偏高的可能性后，说明这些组内的学科整体发展水平处于中上游，而且各学科之间发展也较均衡，是一种较理想的状况。

表 10 - 5 分组别的专家打分统计

序号	组别名称	参评学科数（个）	最低分	最高分	平均分	标准差
1	理学	18	74.56	92.14	85.45	5.8708
2	工学一	29	82.99	92.24	88.38	2.2972
3	工学二	28	70.93	93.45	86.44	5.4068
4	法学、哲学	10	74.33	91.18	85.95	4.8556
5	管理学	16	82.34	92.48	88.38	2.8021
6	教育、中文、历史	15	72.94	87.76	82.80	4.410
7	经济学	13	74.16	88.76	83.97	4.2334
8	生物、农学	13	83.64	92.56	88.08	2.7061
9	外语	7	81.96	88.69	84.54	2.4649
10	艺术	15	84.45	94.63	89.55	2.9247

从各组的平均分来看，虽然所有组的平均分都在 80 分以上，但相对分值较低的组别为教育中文历史组、经济学组和外语组，均在 85 分以下。同时它们的最高分也均在 90 分以下。这表明某市重点学科在文史语言类和经济学类的学科整体水平落后于其他学科发展水平。非常明显的是，这 3 个组内的学科与其他上述 7 个组内的学科之间形成了分明的差异。各组的中期检查的分析结果总结如表 10 - 6 所示。

表 10 - 6　　　　　所统计的 10 个组别的学科建设状况的分类

所含组别	学科建设概况	指标特征
工学一、管理学、生物农学、艺术（共含 4 个组，共计 73 个学科）	学科整体水平高，且组内学科发展较平衡	最高分均大于 90，平均分均大于 85，且最低分均大于 80
理学、工学二、法学哲学（共含 3 个组，共计 56 个学科）	组内具有高水平学科，但组内学科发展不太平衡	最高分均大于 90，平均分均大于 85，但最低分均小于 80
教育中文历史、经济学、外语组（共含 3 个组，共计 35 个学科）	组内学科整体水平较低	最高分均小于 90，平均分均小于 85

二、某市级重点学科中期检查得分情况的分学科对比

接下来分析每一重点学科中期检查的得分情况。经统计，本次参加中期检查的（除医学以外的）164 个二级重点学科，共涉及 48 个一级学科，通过计算各个一级学科中包含的重点学科的平均得分，可以得到按一级学科建设状况的排序和分类。与按分组统计相似，不同一级学科建设的整体水平及其中的二级学科发展也表现出不平衡性。

根据某市教委对重点学科中期检查结果的评定，将评价等级划分标准为：90 分及以上为"优"，80 ~ 89 分为"良"，70 ~ 79 分为"中"，60 ~ 69 分为"差"。仍以答辩分组为单位分别列出各学科检查得分情况。由于篇幅所限，将按组别划分的学科评价等级的数目及所占比重分析结果汇总如表 10 - 7 所示。

表 10 - 7　　　　按组别划分的学科评价等级的数目及所占比重汇总

序号	组别名称	含学科数（个）	评"优"所占个数及比重（个；%）	评"良"所占个数及比重（个；%）	评"中"所占个数及比重（个；%）
1	理学	18	4；22	10；56	4；22
2	工学一	29	8；28	21；72	0；0
3	工学二	28	12；43	14；50	2；7
4	法学、哲学	10	2；20	7；70	1；10
5	管理学	16	5；31	11；69	0；0
6	教育、中文、历史	15	0；0	12；80	3；20
7	经济学	13	0；0	11；85	2；15
8	生物、农学	13	3；23	10；77	0；0
9	外语	7	0；0	7；100	0；0
10	艺术	15	5；33	10；67	0；0

从表 10 - 7 中可以看出，由于主管部门并没有对某市重点学科的中期检查给出评价结果（优、良、中）的比例限制，因此，各组专家依据自己对重点学科建设成效的标准理解进行打分，所以各个组的打分结果有明显的组别差异。但在总体上，某市重点学科中期检查为"优秀"的学科数量为 39 个，占总参评学科数的近 1/4，而评估为"良好"和"中等"的学科数量分别为 113 个和 12 个，所占比例分别为 69% 和 7%。中期检查的评估结果为优：良：中 =0. 24：0. 69：0. 07。这个比例一方面表明，除小比例的一些学科建设成效不佳以外，绝大多数（93%）的重点学科建设都处于良好状态以上，说明重点学科建设成效总体是良好的。另一方面也说明，专家打分结果虽有组别差异但从总体上来看仍然是客观的，证明了学科内涵中"同行评价"对于学科的学术水平具有自我要求、控制和惩戒的作用。

第四节　某市级重点学科经费投入及其支出基本数据对比分析

需要说明的是，国家级重点学科的经费投入和绩效评估由国务院学位办负责，但并未以专款形式对国家重点学科给予专项投入。实际上，国家重点学科的建设专款大多来源于地方政府或教育行政主管部门对高等学校的经费投入。但由于受到经费管理制度的限制，通常情况下地方的财政经费只能拨付给地方高校，因而部属高校的国家重点学科就得不到或只能较少地得到地方重点学科建设专款的支持。当然，据了解，外省、直辖市的重点学科建设专款也给部属高校的国家重点学科划拨经费。但某市的国家重点学科由于量大面广而受限制，因而我们无法研究考察国家重点学科的经费投入及支出的基本数据。而校级重点学科由各学校自筹经费投入因无法确切掌握数据进行横向对比，所以这里只能根据某市教委组织的市级重点学科中期检查的数据，对各某市重点学科的经费投入以及绩效评估进行对比分析。

一、某市重点学科经费投入总量及其结构分析

自 2003 年至今，某市教委对所审批的某地区的 182 个重点学科及重点建设学科进行了力度较大的资金支持。以下是根据各学校填写的《中期检查表》中"经费使用与管理情况"一栏的数据，对某市重点学科经费投入、支出情况作出的分析。

首先，表 10 - 8 显示了某市重点学科与重点建设学科各自的以及总的经费投入及其结构情况，详细列举了经费投入结构中数据。

表 10 - 8 经费投入结构

项目	学科数（个）	投入总额及比例		某市教委投入总额及比例		学校配套投入总额及比例		其他投入额及比例	
		数额（万元）	比例（%）	数额（万元）	比例（%）	数额（万元）	比例（%）	数额（万元）	比例（%）
某市重点学科	113	91058.73	79.38	9547.89	10.49	28423.82	31.21	53087.02	58.30
某市重点建设学科	69	23658.85	20.62	10601.28	44.81	7830.75	33.10	5226.83	22.09
总计	182	114717.58	100	20149.17	17.56	36254.57	31.60	58313.85	50.83

　　表 10 - 8 表明，在经费来源方面，某市重点学科与某市重点建设学科的投入结构不同，主要表现在某市重点学科经费来自其他方面的资金占据经费总投入的绝大部分，而某市重点建设学科来自某市教委的投入占到总经费投入的大部分。这说明，某市重点建设学科（全部是某市属市管高校的）对于某市财政的依赖性比较强。

　　进一步分析可以发现，不同学校、不同学科在经费来源上也存在较大差异。表 10 - 9 针对不同学校的主要经费来源进行了比较分析。由此可以看出，重点学科建设经费主要来源于某市教委投入的高等学校以某市属、市管高校为主。与此对应的是，经费主要来源于其他方面投入的学校则全部是部属高校，而主要依靠自己配套投入的学校也是以部属高校为主。

表 10 - 9 主要经费来源比较分析（按学校分析）

经费来源	学校数（所）	主要经费占经费总额的比重（%）	学校数（所）
经费主要来源于某市教委投入的学校	9	90~100	2
		80~90	2
		70~80	3
		60~70	2

续表

经费来源	学校数 （所）	主要经费占经费总额的比重 （％）	学校数 （所）
经费主要来源于学校配套投入的学校	10	90～100	2
		80～90	3
		70～80	3
		60～70	2
经费主要来源于其他方面投入的学校	9	90～100	3
		80～90	0
		70～80	2
		60～70	4

以上分析反映出某地区高校重点学科的建设经费投入表现出很强的行政归属特征，同时透射出政府（主管部门）对高等学校的财政投入与高校的行政隶属密切相关。

二、某市级重点学科经费支出总量及其结构分析

根据《某市重点学科中期检查表》，分别统计出某市重点学科及重点建设学科建设经费支出使用情况。其中，经费支出结构如表 10 - 10 所示。

表 10 - 10　　　　　　　　　　经费支出结构

类别	项目	经费支出总额	学术队伍	科学研究	人才培养	条件平台	学术交流	其他
某市重点学科	数额（万元）	88286.20	4952.66	41845.80	3848.03	32894.25	2633.91	2111.55
	百分比（％）	80.39	5.61	47.40	4.36	37.26	2.98	2.39
某市重点建设学科	数额（万元）	21539.08	1471.86	4762.76	1411.45	11007.36	1791.25	1094.39
	百分比（％）	19.61	6.83	22.11	6.55	51.10	8.32	5.08
合计	数额（万元）	109825.28	6424.52	46608.56	5259.48	43901.61	4425.16	3205.94
	百分比（％）	100	5.85	42.44	4.79	39.97	4.03	2.92

从宏观层面上讲，无论是总体上，还是分别看某市重点学科或重点建设学科，科学研究和条件平台这两个方面的支出都占到总支出的绝大部分。相对来说，某市重点学科更注重科学研究的需要，而某市重点建设学科则表现出对条件平台建设的更多需要。这或许反映出这两类学科在初始状态（即未列为重点学科建设前）在条件平台建设方面就存在着差异。

从微观角度来讲，不同学校和不同学科在学术队伍、科学研究、人才培养、条件平台、学术交流及其他方面的支出比例也存在着较大差异。通过对科学研究及条件平台建设两项经费支出占总支出比重不足50%的学校和学科进行统计分析后发现，在科学研究和条件平台建设方面经费支出比例较小的学校或学科普遍都把经费主要投入学术队伍建设或学术交流方面。各重点学科建设经费的具体支出结构将在第5章以某工业大学的重点学科为例进一步地深入分析。

总之，通过对重点学科建设经费的资金来源和使用流向的分析，说明不同行政隶属关系的高校、不同学科对经费的需求不同。这一方面说明当前重点学科的财政投入主要依赖于高校的行政隶属部门，自我"造血"能力还不够；另一方面提示政府行政主管部门在经费投入和使用管理方面应改变以往"大锅饭"或"一刀切"的平均主义思想，而应当考虑不同学校、不同学科的不同特点，并结合各高校及各重点学科的建设绩效，在经费投入和专款财政审批时"量体裁衣"，以满足各学科的特殊需要，提高专款的使用效率，实际上也是提高了政府财政拨款的投资收益率。

第五节　某地区普通高等学校重点学科建设的成就与不足

根据以上对三级重点学科建设状况的一些基本数据进行的统计分析结果，在一定程度上反映了三级重点学科建设取得的成绩，同时也可看出其中存在的一些不足。

一、建设成就

经过某市教委几年来的鼎力相助,某地区三级重点学科经过 5 年的建设,可谓是成效显著,从整体上促进和提升了整个某地区高校的学科发展水平。其中涌现出许多值得称赞的学校和学科,有的学科的发展已经处于某地区甚至全国的领先水平。例如,那些"211 工程"的学校、"985 工程"学校中的重点学科,它们总体上是走在同一学科领域的前列,起到了"领头羊"的作用。

同时,还有一些学校和学科也从最初的弱小和起步阶段发展到具有一定的竞争力,可以与同类院校和同一学科一比高低。例如,某中医药大学的中医临床基础重点学科。概括起来,可以将某地区的三级重点学科建设成就归结为以下五个方面。

1. 形成了多层次、分类型的重点学科建设与发展体系。经过多年的建设与发展,某地区形成了分类型、分层次进行重点学科建设的格局,建立了国家级、某市级、校级不同的 3 个层次,某市一级又分为某市重点学科、某市重点建设学科两种类型。这种格局极大地推动了某地区重点学科的建设与发展,在人才培养、科学研究和社会服务方面起到了良好的带动示范作用。

2. 重点学科自身取得了长足发展。重点学科自身的发展和进步,一方面体现在学科级别的提升,包括重点学科的升级和所在学科的学位授权资格的升级。在新一轮国家重点学科淘汰增补工作中,113 个某市重点学科中有 41个某市重点学科本次晋升为国家重点学科,高达 36.3%。在学位授权资格提升方面,某地区 293 个国家重点学科中有 54 个学科通过国家重点学科的建设在第九批、第十批学位授权点增列中获得了一级学科博士学位授权学科(占总数的 18.43%)、4 个获得一级学科硕士授权(1.36%)。在某市重点学科中,42 个学科获得了一级学科博士学位授权学科(37.17%);5 个学科获得二级学科博士点(4.42%);18 个学科获得一级学科硕士点(15.92%)。

另外，在某市重点建设学科中，有 12 个学科在第九批、第十批学位授权点增列中获得了一级学科博士学位授权学科（17.39%）、9 个学科获得博士点（13.04%）、26 个学科获得一级学科硕士点（37.68%）、6 个学科获得硕士点（8.70%）。这些数据充分表明，通过重点学科建设，促进了各级重点学科自身学术水平的大大提高——平均 19.7% 的国家重点学科、平均 57.52% 的某市重点学科、平均 76.81% 的某市重点建设学科的学位授权层次都较重点建设前有较大提高。

另一方面，重点学科自身发展体现在学科建设成果丰硕。某地区经过多年三级重点学科建设，搭建了一批具有比较优势和特色的学科平台，加快了科研基地和科技创新平台建设；取得了一批重大科研成果；引进、培养、造就了一批较高水平的学科带头人，打造出一些有一定学术水平的学科梯队；加强了国际交流与合作。

3. 带动相关学科发展。研究表明，当今各个高校都非常关注，重点学科建设与其他学科的发展关系，并采取相应的措施保障同步发展。在重点学科的建设的高度观众同时，与也促进与该重点学科相关的学科同步发展，带动了相近或相邻学科提高层次、扩大规模，从而推动学校的各个学科建设的均衡发展，发挥出重点学科的示范和带动作用。

4. 增强高校服务某的意识和能力。事实证明，相关高校在建设的几年当中，首都意识已有明显增强。某市重点建设学科更是直接面向某市市属、市管高校，一方面促进高校学科建设与发展；另一方面提高了高校为首都经济社会发展服务的意识和能力。

5. 强化了基于"投入—产出"的学科建设绩效评价的意识通过某市重点学科建设专款项目的管理，强化了高校的投入—产出意识和质量意识。某市重点学科、重点建设学科作为某市财政投入建设的项目，必然强调其投资收益。因此，在建设中，各有关高校特别强调每一个建设单位及其责任人必须牢固树立收益意识、质量意识，更加自觉地关注创新性研究成果的产出和建设收益的取得。

二、存在的不足

1. 不同领域重点学科建设水平存在差异，同一级别学科建设发展也不平衡。通过对比可以看出，三级重点学科呈现出从校级到某市级，再到国家级在规模、层次以及学科覆盖率等方面逐级上升的特点，表明不同级别的重点学科建设存在明显的差异性。这种差异应当是正常的，恰恰反映出三级重点学科的定位目标和设置标准之间的关系或差异。

但是，从某市重点学科中期检查结果分析来看，重点学科建设发展状况存在着不均衡性。这种不均衡首先表现在不同领域重点学科的建设存在差异，特别是人文、经济、语言类学科领域整体水平较理工学科有较大差异。其次，从一级学科层面来看，也存在着学科建设水平参差不齐的状况。排在前十位的一级学科中，表现为整体水平较高并且相同一级学科内部各重点学科水平比较整齐；而排在后十位的一级学科中则普遍表现为整体水平较低（如体育学、新闻传播学、教育学等）；甚至还有一级学科内部不同二级学科之间存在较大的差距（如信息与通信工程、应用经济学等）。最后，具体到各个重点学科的相对比较，其学科建设的不均衡状况依然存在，既表现为学科群之间的不平衡，也表现在同一学科领域内部以及同一学科、不同学校之间的发展不均衡性。

这种不均衡性既反映出各学科水平的差异，也部分反映了个别单位对重点学科建设管理的不到位。

2. 三级学科布局及与区域经济社会发展的紧密度有待进一步加强。根据某市教委统计，与第一轮国家重点学科设置情况相比，2012 年的某地区高校的国家重点学科数量虽然在不同门类中继续处于全国首位，但与 20 世纪 80年代末的情况相比，在全国重点学科总数中所占比例下降了近 4.5%。从二级学科的分布上看，在 362 个二级学科（不含军事学科）中，目前某地区高校的国家重点学科已覆盖了 207 个，尚缺少 155 个。虽然在 113 个某市重点学科中属于国家重点学科布点空白的学科点数达 36 个，但还存在比较大的空白，并且在学科覆盖率方面也不平衡：有的一级学科中只有一个二级重点学科，甚至某些一级学科没有覆盖到（见表10-11、表10-12）。

表10-11　　　　**某市级重点学科未覆盖的一级学科统计**

序号	市重点学科没有覆盖的一级学科
1	系统科学
2	大气科学
3	冶金工程
4	天文学
5	水利工程
6	石油与天然气工程
7	电气工程
8	水利工程
9	作物学
10	中西医结合
11	农林经济管理
12	图书馆、情报与档案管理
13	林学
14	中药学
15	核科学与技术
16	航空宇航科学与技术
17	农业资源利用

表10-12　　　　**某市级重点学科覆盖面较窄的部分一级学科统计**

序号	市重点学科只含一个学科的一级学科
1	地质学（1/5）
2	地理学（1/3）
3	材料科学与工程（1/3）
4	地质资源与地质工程（1/3）
5	测绘科学与技术（1/3）

续表

序号	市重点学科只含一个学科的一级学科
6	矿业工程（1/3）
7	林业工程（1/3）
8	农业工程（1/4）
9	仪器科学与技术（1/2）
10	哲学（1/8）
11	心理学（1/3）
12	园艺学（1/3）
13	兽医学（1/3）
14	畜牧学（1/4）
15	纺织工程（1/4）
16	交通运输工程（1/4）

在重点学科布局方面除留有空白外，又同时存在着重点学科在各级重复设置、集中建设的现象，例如国家重点学科、某市重点学科中都有中国政法大学的诉讼法学。重复建设就意味着建设面窄，从反面证明了重点学科覆盖面窄的问题。

重点学科设置的不平衡性反映了三级重点学科建设各自的体系相对独立，缺乏统筹兼顾，学科建设与资金投入取向有待进一步明确。"国家—地方—学校"三级重点学科体系之间的关系究竟是强调递进式、层次性还是强调互补性尚未明确，三级重点学科各自的定位也未理顺。

3. 部属高校/市属市管高校在拥有和设置重点学科方面存在较大差距。在国家重点学科和某市重点学科中，部属高校在拥有和设置重点学科方面无论在高校比例（93%，72.5%）和学科比例（98%，72.6%）中都占有绝对优势。从各类学科总量上来看，在拥有各级学科的 108 所高校中，部属高校有 66 所，占 61%，而市属市管高校 42 所，比例不到 40%；在各类 616 个重点学科中，部属高校拥有 443 个，比例高达 72%，市属市管高校拥有 173 个，仅占 28%。某地区部属高校/市属市管高校重点学科分布如表 10 - 13 所示。

表 10 – 13 　　　　　　　某地区部属高校/市属市管离校重点学科分布

学科类别	按高校统计			按学科统计		
	总数	部属	市属市管	总数	部属	市属市管
国家重点学科	30	28，93%	2，7%	293	288，98%	5，2%
某市重点学科	40	29，72.5%	11，27.5%	113	82，72.6%	31，27.4%
某市重点建设学科	17	0，0	17，100%	69	0，0	69，100%
校级重点学科	21	9，43%	12，57%	141	73，51.8%	68，48.2%
总计	108	66，61%	42，39%	616	443，72%	173，28%

这些数字表明，部属高校与市属市管高校在拥有和设置重点学科方面存在着较大差距。部属高校在重点学科建设中在拥有和设置重点学科方面无论在高校比例和学科比例中都占有绝对优势。这是一个强烈的信号：因为根据管理学中的"马太效应"，这种趋势进一步强化的结果将会使强者越强、弱者越弱，造成两极分化，进一步拉大部属高校与市属高校的差距。这将不利于市属市管高校今后的发展。

参考文献

［1］马蔡琛. 变革世界中的政府预算管理：一种利益相关方视角的考察
［M］. 北京：中国社会科学出版社，2010.

［2］栾晓峰. 公共预算：权力、体制与文化［M］. 北京：社会科学文
献出版社，2015.

［3］马连锋. 非完全信息博弈视角下的财政预算绩效管理研究［J］. 教
育财会研究，2019，30（2）：28 - 36.

［4］马蔡琛，沈雁寒. 公共预算绩效提升的博弈分析——基于利益相关
方互动影响的考察［J］. 云南财经大学学报，2012（6）：3 - 10.

［5］董静. 不同范式下的公共预算决策及对我国的实证分析［J］. 财政
研究，2004（3）：13 - 15.

［6］马蔡琛，赵灿. 公共预算遵从的行为经济学分析——基于前景理论
的考察［J］. 河北学刊，2013，33（4）：127 - 130.

［7］崔惠玉，景宏军. 预算绩效管理中的政府会计问题［J］. 财务与会
计，2011（6）：48 - 50.

［8］张琦. 论绩效评价导向政府会计体系的构建［J］. 会计研究，2006
（4）：3 - 8.

［9］马蔡琛，李明穗. 作业成本法在政府预算绩效评价中的应用［J］.
会计之友，2017（2）：25 - 28.

［10］中央部门项目支出预算管理试行办法［J］．预算管理与会计，2000（II）：46－47．

［11］中央部门预算支出绩效考评管理办法（试行）［J］．预算管理与会计，2005（8）：15－16，24．

［12］中共中央国务院关于全面实施预算绩效管理的意见［EB/OL］．http：//www. gov. cn/zhengce/2018－09/25/content_5325315. htm.

［13］财政部关于印发《中央本级基本支出预算管理办法（试行）》的通知［EB/OL］．http：//www. mof. gov. cn/gkml/caizhengwengao/caizheng-buwengao2002/caizhengbuwengao200212/200805/120080519_21183. htm.

［14］财政部印发《财政支出绩效评价管理暂行办法》［EB/OL］．http：//www. gov. cn/gzdt/2009－07/01/content_1354746. htm.

［15］财政部关于进一步推进中央部门预算项目支出绩效评价试点工作的通知［EB/OL］．https：//www. waizi. org. cn/doc/60941. html.

［16］财政部关于印发《财政支出绩效评价管理暂行办法》的通知［EB/OL］．http：//www. gov. cn/gongbao/content/2011/content_1967423. htm.

［17］财政部发布《关于推进预算绩效管理的指导意见》［EB/OL］．http：//www. gov. cn/gzdt/2011－07/27/content_1915094. htm.

［18］财政部关于印发《预算绩效管理工作考核办法（试行）》的通知［EB/OL］．http：//jcc. neu. edu. cn/2014/1230/c3479a63887/pagem. htm.

［19］关于印发《预算绩效管理工作规划（2012－2015年)》的通知［EB/OL］．http：//www. gov. cn/zwgk/2012－10/30/content_2253898. htm.

［20］财政部关于印发《预算绩效评价共性指标体系框架》的通知［EB/OL］．http：//yss. mof. gov. cn/zhuantilanmu/ysglzd/201512/t20151225_1632142. htm.

［21］财政部关于印发《中央部门预算绩效目标管理办法》的通知［EB/OL］．http：//www. gov. cn/gongbao/content/2015/content_2937333. htm.

［22］财政部印发《中央对地方专项转移支付绩效目标管理暂行办法》［EB/OL］．http：//www. gov. cn/xinwen/2015－11/06/content_2961579. htm.

［23］国务院办公厅关于对真抓实干成效明显地方进一步加大激励支持

力度的通知 ［EB/OL］. http：//www. gov. cn/zhengce/content/2018 – 12/10/content_5347465. htm.

［24］关于印发《财政管理绩效考核与激励暂行办法》的通知 ［EB/OL］. http：//www. mof. gov. cn/gp/xxgkml/yss/201705/t20170509_2596401. htm.

［25］中华人民共和国预算法 ［EB/OL］. http：//www. npc. gov. cn/npc/c30834/201901/d68f06b9ab3e4fa9b8225ad2034c654e. shtml.

［26］中华人民共和国预算法实施条例 ［EB/OL］. http：//www. gov. cn/zhengce/content/2020 – 08/20/content_5536179. htm.

［27］财政部关于印发《中央部门预算绩效目标管理办法》的通知 ［EB/OL］. http：//www. gov. cn/gongbao/content/2015/content_2937333. htm.

［28］关于印发《中央部门预算绩效运行监控管理暂行办法》的通知 ［EB/OL］. http：//czj. ordos. gov. cn/zcfg/201908/t20190805_2437901. html.

［29］关于印发《项目支出绩效评价管理办法》的通知 ［EB/OL］. http://www. gov. cn/zhengce/zhengceku/2020 – 03/02/content_5485586. htm.

［30］Savoie D J. The Politics of Public Spending in Canada ［M］. Toronto：University of Toronto Press，1990.

［31］Patashnik E M. The Contractual Nature of Budgeting：A Transaction Cost Perspective on the Design of Budgeting Institutions ［J］. Policy Sciences，1996，29（3）：189 – 212.

［32］Phillips J K. An Application of the Balanced Scorecard to Public Transit System Performance Assessment ［J］. Transportation Journal，2004，43（1）：26 – 55.

［33］Hearn J J，Phaup M. Making Better Budget Decisions Easier：Some Changes Suggested by Behavioral Research ［R］. A Series of Discussion Papers on Reimagining the Federal Budget Process，2016 – 06 – 17（5）.

［34］PWC. Towards a New Era in Government Accounting and Reporting ［R/OL］. https：//www. docin. com/p – 1360735217. html.